數位正義
E世代

曾文培 主編

新台灣人文教基金會
New Taiwanese Cultural Foundation

華藝學術出版社
airiti press

論壇流程

主持人:曾文培　副執行長(新台灣人文教基金會)

2012年5月4日(五)	
E世代的左右之爭	
與談人	簡錫堦　執行長(台灣促進和平基金會)
	盧信昌　副教授(國立臺灣大學國際企業學系暨研究所)

2012年5月11日(五)	
網路消費者保護與數位出版衝突調和	
與談人	葉慶元　資深律師(理律法律事務所)
	王榮文　董事長(遠流出版公司)

2012年5月18日(五)	
偏鄉充滿數位機會	
與談人	陳佳惠　專案經理(國立清華大學全球事務處)
	須文蔚　教授(國立東華大學華文文學系)

2012年5月25日(五)	
原住民在網路上衝出一片天	
與談人	林志興　副研究員(國立臺灣史前文化博物館)
	陳哲妮　執行長(財團法人明基友達文教基金會)

2012年6月8日（五）	
電信費率合乎正義嗎？	
與談人	王郁琦　副教授（世新大學法律學系） 陳嘉琪　副總經理（遠傳電信法務暨法規處）

2012年6月15日（五）	
科技藝術未來教育產業	
與談人	駱麗真　理事長（台灣科技藝術教育協會） 胡朝聖　執行長（胡氏藝術公司）

* 與談人順序按發言次序編排。

董事長序

　　新台灣人文教基金會長期持續辦理多項知識論壇，期待透過專家學者之集合，對當代重大議題進行討論與建議，針砭時政。此亦與本基金會成立多年來在文化、族群、政治、國際事務等方面著力發展、培育社會種苗之舉相互呼應。基金會將各論壇之心血結晶彙集成冊，期能在社會上形成推動改變永續力量的來源。

　　邁入21世紀以來，「資訊科技」的發展可謂日躍千里。其相關之應用亦逐漸深深融入我們的生活中。這樣的趨勢，雖在某些方面為大眾生活習慣帶來長遠及有效之改變，但是亦可能因數位落差而加劇既有社會的不平等。臺灣無可避免地要面對這些數位落差之相關議題。在資訊的應用與發展上需要深入的瞭解與認識這些議題帶來的困境，並發展出能夠應對的政策。因此，無論在數位出版、偏鄉數位差距、電信費率、藝術科技產業等相關問題上，都應進行整體性的思考與規劃。有鑑於此，本會須文蔚執行長與曾文培副執行長共同擔任召集人，於今（2012）年5月4日至6月15日每個禮拜五定期舉辦「數位正義與青年論壇」，邀請相關議題之產、官、學界專業人士，針對臺灣及國際目前的資訊科技與數位落差發展之現況、面臨之困境、未來的方向與建議進行深入探討。

　　我謹代表新台灣人文教基金會，深深感謝自籌備開始至論壇舉辦完成中參與的所有專家學者，並對他們長久以來投注於相關議題之研究及心血表達敬意。期待本書的付梓能收拋磚引

玉之效，讓臺灣於擬定、發展及推行未來資訊相關政策之際，能夠對「數位正義」之維護投注更多心力，使相關政策之內涵及推行過程更為豐富與周延，從而使社會大眾更能享受資訊科技發展之善果

新台灣人文教基金會董事長
張珩

主編序

數位時代的機會與挑戰

如果只能用一個特徵來標誌這個時代,毫無疑問的,「數位」(digital)是這個新紀元最顯著而貼切的符號。的確,透過進步的科技,現今我們生活中無論是聲音、圖像及原文均可以用一連串0與1之組構,轉換成電腦可判讀的形式來呈現,因而得以無限的延伸與運用。在數位時代中,這場以電腦、網路、通訊等資訊科技所帶動的革命,大幅改變人們的生活方式、思考邏輯、互動模式、法制規章、甚至是藝術樣貌等各個層面。

誠然,這樣的轉變並不遙遠,甚至是近在咫尺且隨時在發生,例如數位學習(e-Learning)、數位典藏、電子書、數位電視(我國開播半個世紀的無線電視已於2012年7月全面由類比訊號轉為數位訊號)、科技藝術(例如「會動的清明上河圖」)、線上購物、企業的數位服務……等均是生活周遭相當容易感受到的數位化之體現。然而數位化的進程也正不斷的往前邁進,如何將電信、廣播電視、以及網際網路等平臺加以整合匯流,也成為各國政府努力的目標。

有人認為數位時代的三大特色即:速度、連結與虛擬,而網路便是其中最重要且符契的指標。事實上,網路原是美國國防部為了應付核戰來臨時通訊電腦通訊之用而發明,後來大學與政府人員亦加入使用的行列,藉之相互交換訊息與資料。1994年聯邦政府決定釋出網路獨佔的使用權,而允許民間從事網路事業,從此為人類的政治、經濟、教育、社會、文化、科

學以及生活上帶來無限的可能與深遠的影響。2010年底突尼西亞爆發的「茉莉花革命」以及後續的「阿拉伯之春」（Arab Spring），民眾即透過網路上的臉書、推特等社群網站，迅速地將反政府運動風潮不斷的擴散與延燒。

　　的確，隨著科技不斷地演進而讓便利的數位生活得以擴大與實現，人們從中獲益並創造了許多機會，但同時也衍生出諸多問題與挑戰。就如同所有社會制度一般，並不會純然的完美無瑕，無論是生產者、消費者、參與者、管制者、利害相關者、以及影響者與被影響者都在體系中承受著不同的利弊得失甚至是二元對立，於是需要更多的對話與思辯，拉近差距、調和衝突並盡可能補正缺失，方能讓進步與公義得以在數位時代中並存，而新台灣人基金會所舉辦的「數位正義與青年論壇」，正是為了此一困境試圖尋求解答與對策。

　　在「E世代的左右之爭」的討論中，簡錫堦執行長認為E世代的青年失業、貧窮、高學費等問題，資本主義雖是淵藪，但應從1980年代以降新自由主義衍生而來的全球化潮流加以理解與檢視。對此，臺灣也未能倖免於外，公營事業民營化、兩次金融改革亂象、租稅不公、國債攀升、以及學費與勞健保費高漲，均是自由主義的剝削所造成。而「三民主義」以及類似瑞典普及式的社會民主制度，其實便是唾手可得的解方。

　　盧信昌教授認為通稱為社會自由主義或社會主義的左派以「平等」作為追求之價值，而保守主義與資本主義的右派思維則尊重市場機制的中立性與運作效能，惟現今已經很難找到一個國家是走純左或純右的路線。而臺灣年輕世代正面臨就業、健保、居住、所得等正義課題，對此，政府的行政監督參與有

其必要，惟同時也要避免行政行為與權力共享之扭曲的可能性。許多社福政策的執行成果、總體代價等都要逐一檢討，而高等教育與照護系統的價值開發，則要朝向知識產業的方式發展。

在此，要感謝國立臺灣大學政治學系左正東教授（時任本會副執行長）規劃「E世代的左右之爭」場次，開啟「數位正義與青年論壇」整體的思路，才讓整個討論得以延續。

數位出版業因產品內容非實體而易於與消費者產生緊張的關係，葉慶元律師以2011年的Google案為例，指出Google在Android Market販售App軟體，其定型化契約未符我國消保法給予消費者7天猶豫期之規定，而被臺北市政府裁罰並要求修正其服務條款。但業者認為數位內容產品有易複製性並可短期或部分鑑賞，故應重新規範。該案Google雖提起行政訴訟，但迄今猶懸而未決。葉慶元律師並認為現今許多數位產品早已提供部分內容或7日以上的試用期，實務上並無困難，適用一般郵購產品之規定似無不妥，亦無修法之必要，業者對於消費者濫用退費權利的疑慮恐是過度緊張。

出版業對於數位內容產業的發展尤為關心與敏銳，王榮文董事長提出瑞士的研究報告顯示，新的科技媒介遭「濫用」似無可避免，能適應消費者行為改變的娛樂產業未必虧錢。在臺灣，電子書發展所面臨主要問題係紙本書的需求不再增加，而電子書穩定的商業模式亦尚未建立。例如，中國大陸是華文書的最大市場，惟臺灣出版業因兩岸間的政治問題，迄今仍不得其門而入。此外，政府倘能透過電子書的學校集體採購，電子書的授權與來源才不致斷炊；而電子書的使用者應支付權利

金，讓出版者與作者有合理的利潤分配，創作才有動力，才能建立良性的產業發展生態系統。

數位落差一直都是數位時代裡最核心的「正義」問題。為縮短城鄉、弱勢的數位落差，截至2009年底，政府在140個偏鄉建置了168個「數位機會中心」（Digital Opportunity Center）。2007年須文蔚執行長帶領一個團隊，執行「花蓮縣數位機會中心」的任務，他們在被數位科技遺忘的角落裡，輔導小學生、老人家、玉石家、洞簫達人、以及賣農特產品的老闆等數位弱勢者，如何使用電腦並運用網路，來從事屬於自己的小革命，創造意想不到的可能性，猶如文章的標題：小DOC，大夢想！

國家間的數位落差往往較城鄉落差更為顯著，其中的差距甚至就如同數位符號一般，是0與1的天壤之別。陳佳惠老師參與國立清華大學的國際志工計畫，在東非的坦尚尼亞以及中美洲的貝里斯都有最熱血的足跡。在她描述的經驗中，使用一臺只有「4G」硬碟的電腦還不算太糟，到一所沒有電的學校教電腦才是真正的考驗；而什麼是數位邊陲國家真正所需，如何幫助他們掌握自己，更值得省思。

關於原住民的數位落差問題，林志興博士認為原住民的「數位近用」與「數位能力」相對落後，與原住民居於弱勢的社會結構性因素有關，並深受地理距離障礙與劣勢的社經地位羈絆。而原住民數位及網路運用時的主體性建構或流失現象常被忽略，意即以原住民語言文化內容為主的數位內容之建置相當不足，這亟需要以公部門的挹注力量與資源，加上原住民自身的覺醒倡領，才能衝出原住民網路世界的一片天。

陳哲妮執行長也分享明基友達基金會「數位行腳」的成

果，他們在新竹的馬里光部落教導部落學員架設網路行銷平臺，讓該地部落媽媽們辛苦種植的五月桃得以廣為銷售。此外，2009年莫拉克重創臺灣，明基友達基金會捐款上億元，重建臺東縣嘉蘭國小「多功能學習中心暨教師宿舍」以及屏東縣的泰武國小，這些都是災區孩子們最好的祝福與禮物。

電信費直接攸關民眾的荷包，因此一直受到相當的關注與討論，其中對於政府是否應該介入或管制費率等問題有兩派看法，陳嘉琪副總認為政府的職責僅止於創造公平競爭的環境，因此尊重市場機制，方能讓業者、消費者、與政府等各方均能獲得最大的利益。

王郁琦副教授則認為目前電信仍然是一高度管制的產業，政府有責任扮演一定的監理角色，之前中華電信便是透過政府出面協商而調降上網的費率，未來如何讓消費者與產業雙贏，是政府必須深思及解決的課題。

針對新穎的藝術科技產業，駱麗貞理事長觀察，大部分的科技藝術在臺灣沒有一個研發的基礎，大部分都是屬於外來文化的在地化，科技藝術在臺灣上屬於萌芽階段，主要是受國外的藝術發展影響。新媒體藝術包含了數位藝術與新媒體，主要有錄像藝術、數位影像、機械藝術、以及互動藝術等四種類型。

胡朝聖執行長則認為科技藝術或稱媒體藝術都有著時間性、動力性、媒體性、連結性、或互動性的特質，並藉由科技來完成的藝術作品，臺灣從1980年代後不論是大專院校的推廣或民間企業的支持，都讓臺灣在此領域獲致不錯的成績與國際肯定。而在數位時代中，藝術的呈現勢必與科技有更緊密的連結。

數位時代是一個不可逆的進程，它的滲透性與影響性既深且廣，且不斷隨著科技進步而不停的演進與變化。資訊產業是臺灣經濟發展的重要支柱，一方面我們必須對數位的產品與內容有更多的研發與創新，才能有效提升競爭力；另一方面，面對數位時代快速發展所帶來的各個層面之影響與衝擊，政府相關配套的法令與措施亦必須與時俱進俾利因應。掌握機會，迎接挑戰，吾人相信臺灣的數位經濟奇蹟，指日可待！

新台灣人文教基金會副執行長
曾文培

目　錄

壹、E世代的左右之爭
從左派思維的「社會民主」或可找到出路／簡錫堦　　1
E世代的左與右／盧信昌　　13

貳、網路消費者保護與數位出版衝突調和
數位出版產業與消費者保護：從Google案談起／葉慶元　　33
數位出版產業生態發展的善循環／王榮文　　53

參、偏鄉充滿數位機會
關於資訊服務的信念，那些忽明忽滅的火光／陳佳惠　　61
小DOC，大夢想：在偏鄉實現數位正義／須文蔚　　79

肆、原住民在網路上衝出一片天
衝出原住民網路世界的一片天／林志興　　95
山風與海的祝福／陳哲妮　　109

伍、電信費率合乎正義嗎?
政府在推動電信服務時應扮演什麼角色？／王郁琦　　125
正義三角——保障消費者權益，
創造公平競爭環境，促進產業發展／陳嘉琪　　131

陸、科技藝術未來教育產業

科技藝術未來教育產業――
兼談數位藝術教育的困境／駱麗真　　　　　　　　143

臺灣科技藝術之發展與教育推廣／胡朝聖　　　　　153

E世代的左右之爭

從左派思維的「社會民主」或可找到出路

簡錫堦

臺灣彰化人,長年關心弱勢者與和平倡議。現任台灣促進和平基金會執行長、反貧困聯盟召集人、立法院最高顧問。

1984年起從事勞工運動,歷任台灣勞工法律支援會創會會長、台灣勞工陣線秘書長,確定產業民主運動目標。曾任第三屆、第四屆立法委員,推動擴大勞基法適用與公營事業勞工董事、週休二日、替代役。總統府人權諮詢委員任內,積極推動簽署國際人權兩公約。泛紫聯盟召集人,推動最低稅負制及檢察總長任期制。

■ 數位正義E世代 ■

從左派思維的「社會民主」或可找到出路

簡錫堦　執行長
（台灣促進和平基金會）

　　不久前，在瑞士舉辦的「達沃斯世界經濟論壇」，全球兩千六百多位政治、經濟領袖齊聚一堂。「反思資本主義」是會議主軸，超過半數的與會者表示，資本主義已無法適行於本世紀，資本主義的神話受到質疑。

　　英國《金融時報》發表一系列「危機中的資本主義」評論，指出主導資本主義的美國，貧富差距創歷史新高，失業率居高不下，貧困者高達4,700萬人。《資本主義毀了印度》一文，指控印度最富有的100名，總財富占12億人的四分之一，使得8億人窮困潦倒。企業家蛻變成為奸商，過度追求利潤而泯滅道德，是資本主義最大的傷害。是「佔領華爾街運動」及歐洲青年反失業、反貧窮、反高學費運動的源動力，左右論戰再起。

　　左右論戰，已不再是「意識形態」基本教義之爭。由於資本主義與時俱進，多次因應蛻變，虛擬經濟、衍生性金融已脫離生產，馬克思所稱「勞動剩餘價值」剝削，形式間接已不易洞察，但危害鉅大。左派基本論述仍是解構資本主義危害的利器。E世代論左右，應從資本主義蛻變成「新自由主義」，推動全球化開始檢討。

一、全球化成為「不可逆」的潮流

　　1980年代開始，以英國首相柴契爾夫人和美國雷根總統為首，大力倡議新自由主義，推動全球化，成為不可逆的主流價值。

　　新自由主義主張小而美的政府，一切尊崇自由市場；公營企業應全面私有化，把公共服務交由企業經營，才有效率；並強化使用者付費觀念，以免造成浪費和依賴。社會福利會使企業成本增加，不利競爭，阻礙經濟發展；建立沒有工作就沒有所得（No Work, No Pay）的概念，推行勞動彈性化，修改僵化的勞動法，降低企業成本，提高競力；政府應做好基礎建設，取消障礙法令、降低稅負，以利投資，俾使自由市場發揮最大功能。三十年來，臺灣政治、經濟、社會的發展，深受全球化的影響。

　　全球化打破國家疆域，人與人的交流密切，融合多元文化豐富社會發展，提升創新能力，增強經濟競爭力。開放的全球市場，使競爭更激烈，充斥著多樣化物美價廉的商品，是歷史上最佳的消費時代，也是市場競爭帶來的效益。

　　但由於市場競爭激烈，使企業無所不用其極的降低勞動成本，開放低薪外勞或遷廠到低工資的國家，或雇用低薪臨時工、派遣工人，以減少資遣費、退休金、假日工資和獎金福利負擔，降低成本。讓受薪階級處於低薪、不穩定就業或長期失業而為貧窮所困。

二、政策圖利財團巨富拉大貧富差距

　　自由市場公平競爭，政策必須鬆綁，政府從管理的角色轉變成服務企業的機構，服膺全球化價值，才能吸引投資，發展經濟。1990年開始，我國政府透過立法加速這些政策的推動，在發展經濟大纛下，公然圖利財團巨富，使企業購併國家逐步實現。具體作為如下：

　　（一）藉由公營事業移轉民營條例，大量釋出賺錢的公營事業股份如中鋼、中油、電信等，讓財團巨富得以利益均霑，財富遽然倍增。同時，兩次金改將公營銀行賤賣給財團。

　　例如：臺北市政府出售台北銀行時，採固定價格讓收購方出價競標，以最高者得標。卻未訂定換股價格，任由富邦集團採其最有利的轉換股價，造成臺北市政府的巨額損失。

　　第一金控的GDR釋股，透過取消GDR的閉鎖期，直接兌回臺灣現股套利，並在適當時機換成普通股，成為大股東，掌控及運用公司資產。

　　彰化銀行特別股標售案，不但擁有普通股才有的投票權，發行條件也明訂特別股享有年利率1.8%股息與剩餘財產優先分配權，彰銀特別股在會計帳上屬債權，在公司管理上卻又視為股權，讓台新金佔盡好處。政府賤賣公營銀行，讓民營銀行以蛇吞象方式，把公營銀行民營化。

（二）金融控股公司法，加速金融兼併，財富積累。四大集團（國泰、泛新光、中信、富邦）1994年總資產原本只有1兆1,460億元，至2005年，即累積達10兆177億元。

（三）促進產業升級條例、兩稅合一、大幅調降遺贈稅和營利事業所得稅率，使臺灣成為全球最低稅負國家。原本資本利得、境外所得就不課稅，已是國際少有的圖利富人稅制；為迎合全球化，再擴大租稅優惠，嚴重敗壞稅制。

兩黨執政時，總統都說「減稅可吸引投資，促進經濟發展，就會增加稅收」。而事實證明，1900～2000年我國平均經濟成長率7%，2001～2010年為4.5%，但我國的平均稅負率（稅收總額除以GDP）卻從20%降到12%。因為過度且重複減稅，使稅收彈性係數小於1，以致於經濟雖成長但稅收並未增加，經濟成長果實卻全落入財團巨富口袋。

2006年財政部曾公布，所得最高的前40名富人，17個人繳不到1%的稅，其中8位連一毛錢都不用繳；而所得稅中75%課自薪資所得，OECD國家平均僅為49%。因此以租稅進行財富重分配，拉近貧富差距只達到7%效果，遠不如歐美國家35～60%的成效，我國稅制敗壞可見一斑。

（四）稅收不足，稅賦依存度僅五成二，政府為了便於舉債，不依國際標準揭露，隱藏債務並立法鬆綁債限，加速國家債務積累。如依國際標準計算，國債絕非政府所稱的5兆2千億元，而是21兆元（依審計部推估），意即不分老少每人平均負債93萬元。

（五）落實使用者付費。從1993年實施學費自由化以後，公私立大學學費逐年調高，栽培一位子女上大學，得花費勞動者年所得的一半。2010年申請就學貸款者達81萬人次，創歷史新高。勞、健保保費同步調高，加重中下階層的負擔。金錢門檻阻礙受教育平等權及發展權，複製階級，弱勢者難以翻身。

貧富差距擴大已醞釀成最大民怨，政策仍變本加厲傾斜企業財團，加深社會矛盾，不利政治、社會安定和經濟發展。

三、全球化的本質是金融市場的全球化

社會學家布赫迪厄（Pierre Bourdieu）說：「全球化不是一種均質化，而是少數宰制國家將其影響力擴張到所有國家的金融市場的過程」。尤其是美國，掌握全球利率與匯率的決定權，再以投機資本全球套利。

投機資本為追求高額利潤，設計複雜的衍生性金融商品，手段不斷創新，監管技術被遠拋在後頭，無力管制。經濟虛擬化和投機程度大大加深，加上降低利率鼓勵超前消費或進行投機，終於引發金融風暴，禍延全球。導致冰島、希臘破產，愛爾蘭、西班牙、葡萄牙深為所困。禍首的美國也一直無法脫困，聯準會遂實施第二次「量化寬鬆」貨幣政策，加印6,000億美元鈔票，買回公債挹注市場，貶低美元匯率，以利出口，增加就業。各國央行也

被迫加入印鈔比賽,全球通貨膨脹,恐再爆更大的金融風暴。美國困境轉由世界各國承擔,印證全球化是強國金融資本宰制世界的全球化。

四、「崩世代」危機源自新自由主義的剝削

　　E世代論左右,應以青年處境相關的議題作為路線選擇之辯,尤其「學費」、「青年勞動」、「社會福利」及「世代剝削」,以解決青年人困境,尋找國家、社會發展的出路。

　　「免學費」符合平等受教育人權,有利國家社會發展:自1994年實施學費自由化政策以來,「反高學費」聲浪不斷。官員總是說與美、日相較,臺灣學費並不高,但如以學費佔所得比率,臺灣學費實為不低。中下階級要栽培一名子女讀大學,除了一年約10萬元學雜費,再加上住宿、生活費等十幾萬,林林總總就得花費二十多萬元,是藍領勞工年所得的半數;無力供應子女就學,則成為階級流動的阻礙。

　　我國教育預算只佔GDP（國內生產毛額）的2.8%,不如韓國的4.2%,美國的5.6%,更遑論北歐瑞典、丹麥、挪威與芬蘭的7.5%～8.3%。北歐能培育出高品質的公民和勞動力,主要是免學費制度,並提供生活津貼,學生可安心學習,不若臺灣,很多學生為了賺取學費、生活費,打工變成正職而荒廢學業。

調高學費,損及國民受教育的平等權。教育乃百年大計,初階段應先提高教育預算至GDP的6%,減輕學費負擔。未來以北歐免學費作為努力目標,發展智技多元化教育體制,建立平等且高素質的公民社會。

「反對勞動商品化」保障勞動人權:18世紀工業革命,機器打敗手工生產,擁有工廠和機器的資本家,吸納了破產的手工業者成為工廠的勞工。勞動成果異化成資本家的「利潤」,工人淪為機器的附屬品,每天工時長達14至16小時。

1886年5月1日,美國工會組織為了爭取「工作8小時制」,發動罷工和大遊行,並在芝加哥乾草市場和警方爆發激烈衝突的流血事件。工人領袖7人被處死刑,引起各國工會組織罷工聲援;「五一」遂成為國際共同的「勞動節」,八小時工作制也逐漸落實。

自此,勞動人權受到重視,各國紛紛立法確保勞工組織工會的團結權、平等的勞資協商權和罷工的行動權。各國勞動基本法明訂最低僱用工資,加班工資應加成或加倍計算,休假、產假的工資給付及資遣、退休給付,並禁止不當解雇。

新自由主義興起之後,企業為了降低人力成本,「勞動派遣」迅速擴張,不需負擔假日工資、產假、加班費,更可省下資遣費、退休金及各項福利支出,甚且拉低工資、瓦解勞基法,侵蝕勞動人權。因此左派堅持主張勞動

非商品,應受生存權保障,禁止非典型雇傭。

「完善的社會福利」促進就業和生育選擇自由:臺灣生育率全球最低,每名婦女生育子女數降至0.89人。三年內,小學班級將裁減三成,十年內恐有60所大學因招不到學生而關門;更將導致勞動人口減少、市場萎縮、經濟倒退及扶養負擔沉重的危機。兒童私有化的觀念是臺灣生育率下滑的主因。必須改變觀念,以社會的力量扛起養育的責任,保障生、育婦女的工作權,瑞典提供免費優質公共化的托育托兒制度,婦女生育數逾1.9人;釋放婦女勞動力,增進就業。減輕育兒負擔,落實生育選擇權利,不受經濟因素阻礙,才可能免予生育罷工。北歐國家社福與經濟發展雙贏的體制,印證左派修正資本主義成功的實驗。

「租稅正義」防止世代剝削:我國到底有多少國債?主計處國情報告公佈中央及地方政府債務累計為5兆1,400億元;立法院預算中心指出,加計遞延性、隱藏性負債,已高達14兆元;而審計部依決算報告估算則高達21兆元。何以有如此懸殊的落差?由於我國「公共債務法」定義的公債與國際標準有異,不計入非營業基金債務、短期借款,並排除軍、公、教、勞工退休提撥不足及公營事業虧損等隱藏性債務。嚴重低估國債,規避監督,圖謀政府舉債之便利。國際貨幣基金警告:政府財政透明度不足,將使國家置身險境而不覺。

財政敗壞始於資本利得不課稅,又重複為財團鉅富

減免稅負，加上軍公教退休優存18%利率，退休年金所得替代率高達100%以上，即連社福天堂的瑞典也僅有70%保障。這種上一代利益集團剝削下一代的決策，造成青年背負高國債和扶養的超級重擔，恐加速世代對立與國家崩潰。加速公平稅制改革，落實量能課稅，健全財政才是解決之道。

五、師法瑞典，實踐社會正義

　　金融風暴中，瑞典表現最佳，「瑞典模式」因此成為「達沃斯世界經濟論壇」中討論焦點。瑞典普及式的社會福利，沒有造成依賴，就業參與率高達八成，稱冠全球；教育免學費、機會平等，得以發展潛能。維持強大的公共財政，妥善照顧弱勢族群，因此能抵禦經濟週期及金融風暴。失業及創業失敗者均有足夠的生活津貼作後盾，讓他們放心嘗試新工作，或願意再冒風險去創業，增進競爭力。足證良好的社會福利制度是經濟發展的助力而非阻力。

　　蓋洛普調查155個國家的幸福指數，北歐四國丹麥、瑞典、挪威和芬蘭皆居世界前列。而人均GDP最高的美國，僅排列第14名，可見擁有社會支持、可發揮個人潛能，才會有幸福感；勿一味強調競爭、追求更高利潤，扭曲了經濟發展目標在於提升人民生活品質與幸福。

我國以「三民主義」立國,原本較近似瑞典平等、均富的社會民主模式。八〇年代以後,快速走向美國模式,致使貧富懸殊,低薪不穩定就業的社會焦慮加劇;實須改弦易轍,回歸三民主義理想國的途徑。

■ 數位正義E世代 ■

E世代的左右之爭

E世代的左與右

盧信昌

國立臺灣大學國際企業學系暨研究所副教授,畢業於美國芝加哥大學博士,專長研究勞動經濟、產業經濟、計量經濟。現任消基會金融消費連絡董事、衛生署醫院總額委員會委員、經濟部水價評議委員會委員;曾任交通部所屬各類費率委員會委員、民航局航空客運品質評鑑小組委員、經濟部能源工作小組委員。

■ 數位正義E世代 ■

E世代的左與右

盧信昌　副教授
（國立臺灣大學國際企業學系暨研究所）

在政黨對抗與統治正當性的思想演繹下，要營造出社會安定與個人發展的必要基礎；同時在追求經濟發展的極限可能下，還要能貫串多元價值和遠大的共同願景。

一、左右路線的概述

任何社會的運作與組成必須能夠達到：政治正當性、社會和諧穩定，與追求長遠發展的條件。但即使是建構在相同路徑下的思維與意識型態，也會因為各國的自然條件與歷史過程而產生質變，形成具有地區性特色的管理與有效作為；以及在此一現實基礎上，再精進演繹出的新價值論述，以合理化其權利結構與資源分配，因此各種形式的意識型態便應運而生。

以西方政治光譜來區分，左派之思維通常是指社會自由主義或社會主義。從社會主義者的角度而言，「平等」是重要的價值。凡事以權利之伸張做為出發點，希望能有更多的公平對待，並且能將生產成果的分享、資源的使用，與決策參贊的權利普及全民；但在另一方面，則又以階級壓迫的角度看待人際互動與群我關係，認為在傳統體

制下的宗教信仰、家庭倫理觀，以及性別與職業分工等的體制性作為，都只會強化了階級剝削的正當性，或是擴大未來既有的不公平。

　　反觀，右派思維的保守主義與資本主義經濟學家，則是傾向於相信市場機制的中立性與運作效能；在理念上是支持以個人財產權為核心的支配與運用，並以市場交易下的競爭篩選，來做為決策評價與追求社會共識的基礎。而在此基礎上要同時解決資源運用、價值開發與生產分配；並以市場選擇的結果來決定未來的資產類型，以及新的社會方向。傾向資本主義的市場派觀點認為，所有人都該根據自身的意願與能力，來公平爭取與結合影響各方的資源投入；由現狀為出發基礎下做競爭，以共同確保社會繁榮，與在未來有和平演變的可能。

（一）左派與右派思維之意義

　　左派思維著眼於既有獲利模式與分配體制之不正義與非道德性，因而以突顯既有階層之間的矛盾，並標舉著改革與進步的旗誌，以推動各項非傳統權利觀念的塑建，意圖喚醒並爭取社會各界的支持呼應。而右派則強調現有體制的正當性和保存傳統，在管理思維上贊同有菁英階層的智慧統治，因此形成了較不平等的階級劃分；而其思想較為保守之下，對於墮胎、安樂死與同性戀等議題非常敏感，因而較少能關注弱勢團體之生活追逐與需求。

然而隔行如隔山，由於左派的思想參贊者大抵有其浪漫，與人生經驗的悲苦在，少有生產經營之直接參與；同時亦無從就其論述之演繹，即能知悉其實踐意願與付出的強烈，遑論其手段與主張之現實價值（究竟是雖千萬人吾往矣！抑或僅止於沽名釣譽，所謂好犯上而不好作亂者未之有也，習於看熱鬧、生事端）。

因此，論述者對於既有之生產組織與消費行為忽略了必要之關懷了解下，很容易誇大其主張的未來價值；間接降低其論述與批駁的參考效益。

（二）行政干涉與外部不經濟之避免

在經濟議題上，左派與右派觀點對於政府是否應該介入與干涉抱持著不同的意見。左派支持的經濟制度大體歸納為：福利國家、社會市場制度、國有化與計劃經濟。主張政府應該對經濟採取干預政策，才能避免如「血汗工廠」般讓資方對勞工剝削，以及擴大了貧富間的差距。

而就右派言，在歷經將近三百年的宗教戰爭後，由歐洲各國所開啟的人本思潮，不論是其原有的家庭組織、宗教信仰與法政基礎上，都希望能夠在一個開放的市場進行交易過程。除了可各自發揮生產優勢，以取得彼此在資源的互補性；其次，則是要以實踐成果，來檢驗渠等對自身信仰的堅定，與各政經體制的差異性，和對生產績效的影響；最後，還要在民主程序與人權理念的兩大架構下，允

許各信仰與體制之間做良性競爭,來促成和平轉換與進步的可能。

　　右派的經濟政策主張,可以就古典自由主義(Classical Liberalism)的市場邏輯來看,必須達到有以下的條件,即1. 充分利用誘因機制,與2. 強化經濟個體的決策自主性,因而同時主張要以3. 尊重財產權的絕對支配權,和4. 以後果自負的強力鞭策,來維護並促成個人能力的自由發揮;並能加速傳統束縛的解構與調整。進而轉型為<u>多元、包容,而且理性又進取</u>的現代社會。

　　市場經濟的擁護者強調個人權利先於國家而存在,並主張個人的權利、私有財產,並且認為政府不該干預市場經濟,而應該採取自由放任的經濟政策,讓市場獨立運作。然則渠等依循使用者付費原則,有充分的選擇自由與開放進入的競爭後,是否在價格的訂定與供應方式上,即可任令其為之呢?另外,所謂對其他人無妨礙的雙方交易,又當如何客觀定義,並能予以有效的實質認定?

　　此外,經濟發展與生態環境息息相關,左派認為環境和自然條件(包括人性)和貧窮、惡劣的衛生條件、異化的勞動,以及壓迫體制下的生存相關,極大部份存在因果關係,像是生態環境的問題即是由資本主義所產生出來的政治和經濟問題。[1]

　　的確,有過度的經濟發展亦必須承擔環境污染的代價,<u>企業經營者</u>對於環境品質與資源的使用方式,有其興

利貢獻與直接的受益者在；然亦有其資源減損與直接的受害者，像生產汙染與賣場的噪音，尤其是在都市的住宅區段內，例如師大商圈，在互動頻繁下居住品質難以維持。即使在交易雙方的意願合致下，究竟在生產過程中所產生對他人的生存權利、居家型態等的影響，又當如何來協調，予以維護或是補償呢？

（三）政府職掌與法令規範的作用

經過各主要文明國家在過去兩百多年的實踐與檢驗，市場機制、社會公平與民主體系已經被認定為是共同且不可分離的政經基礎。因此，在分析一個國家的意識型態與路線屬性，是很難以一概全的解釋為左或右。所謂的左右路線爭議，已經不再是極端化主張的全有或全無，而需要藉由比對彼此的差異點，探討歷史過程所積累的實驗教訓，同時以更開放的襟懷來包容、彼此關切，才能兼容並蓄，找出可長可遠的良性互動的道路。

扼要言之，在政府的存在使命與結構設計上，當力求避免脅迫、威嚇與羞辱情事之發生；並能促成各階層的良性循環、友善對話，以建立社會信任與共識。同時，要減少企業共謀行為的危害，以及避免執法偏差等情勢之惡化，或是被常態化；而務求讓每個人有自主發展，在自由意志下發揮能力，和運用自有財產來做興利創匯的成就追求。（左右派路線之界定與各項主張的差異，請參見圖一、表一）

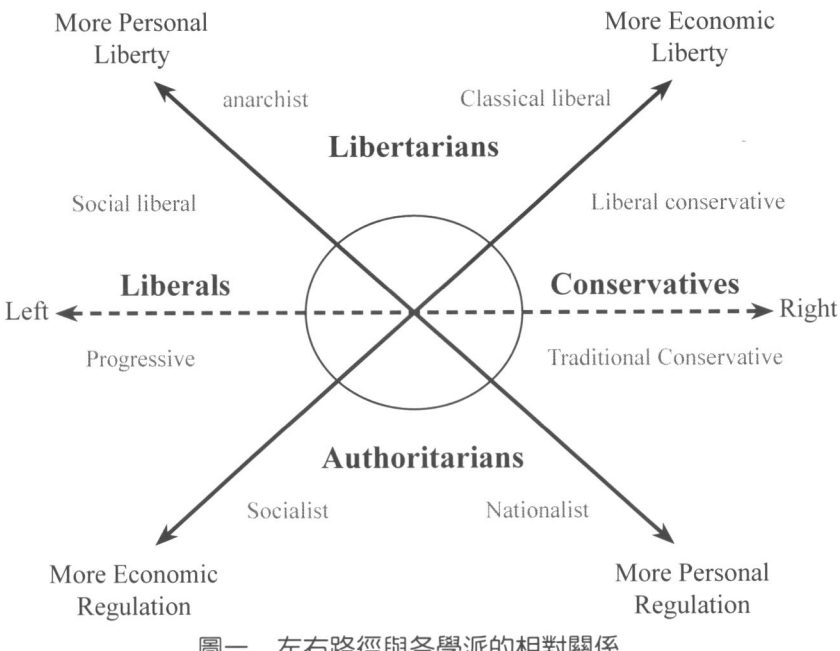

圖一　左右路徑與各學派的相對關係

資料來源：本文參考修正自http://www.debate.org/photos/albums/1/2/1221/32577-1221-cmh5r-a.jpg

表一　左、右派觀點之主要界定

議題	左派傾向 （社會自由主義／社會主義）	右派傾向 （保守主義／新自由主義）
經濟體制與所得重分配	・計劃經濟 ・福利國家 ・國有經濟 ・高稅賦制	・資本主義 ・自由經濟 ・分散決策 ・開放競爭
社會開放性	進步主張／改革理想	傳統道德／家庭倫理觀
犯罪懲治	體恤弱勢／法外人情	嚴懲犯罪／有效遏阻
文化取向	以批判性看待傳統	承襲傳統文化
宗教主張	教會與國家治權分離	支持教義／參與宗教
人權觀點	普世價值／保護弱勢	人人平等／程序正義
全球化與貿易	反全球化與自由貿易	支持全球化與自由貿易

來源：本文整理

二、各界在看待社會公義問題上的分歧觀點

包括解決貧富差距、改善所得分配、捍衛居住正義、保障性別平等、族群和諧、促進社會福利與弱勢輔助等

左派所重視的是社會福利與適性的個人發展，因此，對於各類的社會政策，預算支配與使用方式等，也會產生相對應的見解差異；但又缺乏政策執行細節的完善規劃，很可能使社會福利無法有效的惠及百姓，包括在高等教育的投資、醫療保健、貧民救濟、所得分配，與退休保障的議題上。

而對於社會政策的內涵、預算編列與執行成效，其最好的檢視標準就是：1. 錢有沒有用在刀口上？2. 預算的

排擠性與重疊性高不高？3. 有無未來自償性與引導作為？4. 以及其負面影響與總代價的攤派，是否合乎世代正義？

　　首先，最近幾年來，在放寬行政解釋以及勞基法的修正與準用範圍下，卻讓派遣業者取得不公平的競標對待，也間接降低中高齡勞工的議價能力。當派遣業的間接雇主，以關係與價格優勢搶奪工作機會時，年輕世代也喪失被公平晉用，與技能養成的可能。尤其派遣員工的人口越發趨於年輕及高學歷化，卻明顯又呈現工資持續往下降、失業率攀升的情況。

　　其次，臺灣有全民健保的實施是許多國家羨慕且欲學習的對象。全民健保固然好，但是濫開方便之門卻不適當；尤其在未來人口老化的趨勢下，每一毛錢的節省都要繳進公積金帳戶內。像是外勞與海外僑民的納保資格、計費費率設算的公平性；預防針劑的必要性、核銷與防疫成效；與海外醫療費用等的認定等上都要錙銖必較、仔細盤算，才能使我全民健保永續經營。

　　再則，各政黨以居住正義為由濫開空頭支票，卻不顧慮年輕世代大多集中在北部的趨勢，反而會破壞了區域的平衡發展；而這一類應急的權宜措施，很有可能會破壞城鄉人力的回流、阻礙工作誘因的提供與親情維繫，更有圖利大型營造廠之虞。

　　最後，在談論所得分配惡化的分析與修補缺憾的主張時，其所使用的統計資料漏洞百出，就連家戶身分的認定

也是疑點重重，明顯的是其背後必有特定利益的運作（如媒體、椿腳等），有其在利益分配與地方人事任免權的爭奪；甚至部份產業更有意圖去支配政府的營造投資預算，與公有土地的規劃和移轉使用。

三、如何能左右並陳，允執厥中？促進公義社會之達成？

左派路線對於現實狀態與對傳統社會的批判很用力，但在建構出具有自償性的體系，與發揚人性光明與黑暗面的現實能力卻不足，因而極容易在過度浪漫與過度激進中擺盪，輕易拋卻了通往共同福祉的輕便道路。事實證明，在一些國家與特定團體中，由左派路線所孕育出的新階級已經成為社會新特權，於是鬥爭、繼續鬥爭就成為後輩勝出與同儕爭鬥的不二法門。

而右派對於以市場鬆綁為名的聚斂則又缺乏戒心，無力貫徹於資訊不完全下，對惡意企圖的貪婪手法所應採取的抗衡；遑論是拆穿一些人在玩火自焚後，妄圖以擴大事端嫁禍他人的龐大惡勢力。於是就在市場會自我監督與產生對抗能量的想像，而投資人的自身利益也會有所覺察反應的邏輯下，在短短數年間斷送過去20年的全球繁榮。

（一）行政監督參與的必要與影響

究其實，任何車體的兩側必須有左、右兩輪，方能被平衡駕馭；而其行進方向的變動與改換也並無他想，貴求能安全迅速的到達目標而已。左與右的路線思辯亦復如斯，必需在每一議題的不同階段，以及在每一環節點的細節上都能持續深入，進行客觀且公開的對話。（參見表二）

誠然行政部門難免有左、右逢源之心；甚或是以促成特定對抗勢力的分裂，來換取制高點與影響力。所謂過之而不及，政府執行其行政權力與決策時要如何能達到其有效性及中立性？要求其不偏不倚的前提之餘，又如何進一步來避免不當的干擾企圖與獲利的誘引？而後，社會方才能有永續的進展與繁榮的未來。

因此，惟有深入且持續的追蹤參與；並能依循特定思維路線的指導批判，才能夠提出具有一致性的訴求，而且是具有道德高度的正義譴責。即使所涉及的只是常態性業務，而非批鬥性的重大路線調整與反省指摘時，也不該規避對政策內涵的說明義務，以及明瞭其具體執行與資源運用方式的利、弊陳述。

特別在民主體制下，關於立法遊說與行政溝通的實務作法，均應詳加規範，甚或有必要支持與維護體制外的監督力量；但也必須正視政府作為與權力共享的扭曲，然而主管機關苟能勇於任事，能主動規避不當情事的發生時，也仍應予以高度之專業肯定。

表二　產業經營的政治光譜分析─以臺灣為例

名稱	優／缺點	優／缺點	名稱
\	Political Sepctra　Left ←――――――→ Right		
大眾媒體			
社會主義運動／CWI社評網；無米樂紀錄片；CNN iREPORT	1. 優點 　A. 提供民眾另一個思考的觀點。 　B. 有民主思維為核心的社會主義，可免流於激化對立。 2. 缺點 　A. 立場拿捏容易失焦。 　B. 在集體意見與主張的彙整上，仍欠缺實質有效的測度指標與歸納方式。	1. 優點 　A. 有別於其他報章雜誌的偶像／政黨崇拜，使閱讀者有更自由的想像空間。 　B. 力主新聞競爭、言論自由權。 2. 缺點 　A. 為求盈利，內容煽動也泛娛樂化，使閱讀時的思考必要與意願隨之降低。	商業化的大眾媒體／壹傳媒
教育界			
公立學校	1. 優點 　A. 普及且有效提高全體國民的教育水準。 　B. 提供較有規範的教育體制。 2. 缺點 　A. 決策過程容易流於官僚、集中。 　B. 可能有一日為師、終身為師的惰性。	1. 優點 　A. 學生可以有較高的國際視野。 　B. 讓優良的老師可以找到其市場價格。 2. 缺點 　A. 容易有養尊處優的社會批判。 　B. 提高民眾對攀附權貴的想像空間。	貴族私校

E世代的左右之爭

	Political Spectra		
Left ⟵			⟶ Right
名稱	優／缺點	優／缺點	名稱
<td colspan="4" align="center">醫療</td>
正德慈善癌症醫療中西醫院	1. 優點 　A. 不收費，每個人得到平等的醫療待遇。 　B. 營業過程營造出和諧、和平、社會溫馨等的正面能量。 2. 缺點 　A. 僅靠捐贈資金，因為來源不穩定加劇營運風險。 　B. 因為免費，而容易有資訊不對稱，產生醫療資源的浪費。	1. 優點 　A. 使病床、醫療資源的使用更有效率。 　B. 以營利為導向，使醫院的經營狀況較為健全。 2. 缺點 　A. 對待貧富的方式可能有所不同，發生富人小題大作、窮人則是大題小作。 　B. 在該等的環境下吞噬身為醫生該有的社會責任。	長庚醫院

名稱	優／缺點	優／缺點	名稱
Political Spectra　Left ←――――――――→ Right			
麵包			
喜憨兒烘焙坊	1. 優點 　A. 照顧弱勢，且協助弱勢族群找回自力更生的能力。 　B. 在工作上有一定的水平要求，可以帶動社會的和諧發展。 2. 缺點 　A. 組織規模小且管理較不具有商業效率。 　B. 受限於營利能力，無法廣拓據點以提高營運效率。	1. 優點 　A. 要價高所以販售的消費者品味苛刻，因此品質穩定。 　B. 號稱用最好的食材＋有氣氛的用餐環境，帶給消費者的優質 Premium。 　C. 讓有技術與品管能力的人得到該有的報酬，且也因此提高消費者品味。 2. 缺點 　A. 營造出貴就是好的消費氛圍，提高民眾的物欲追求。	Paul法國百年麵包店

E世代的左右之爭

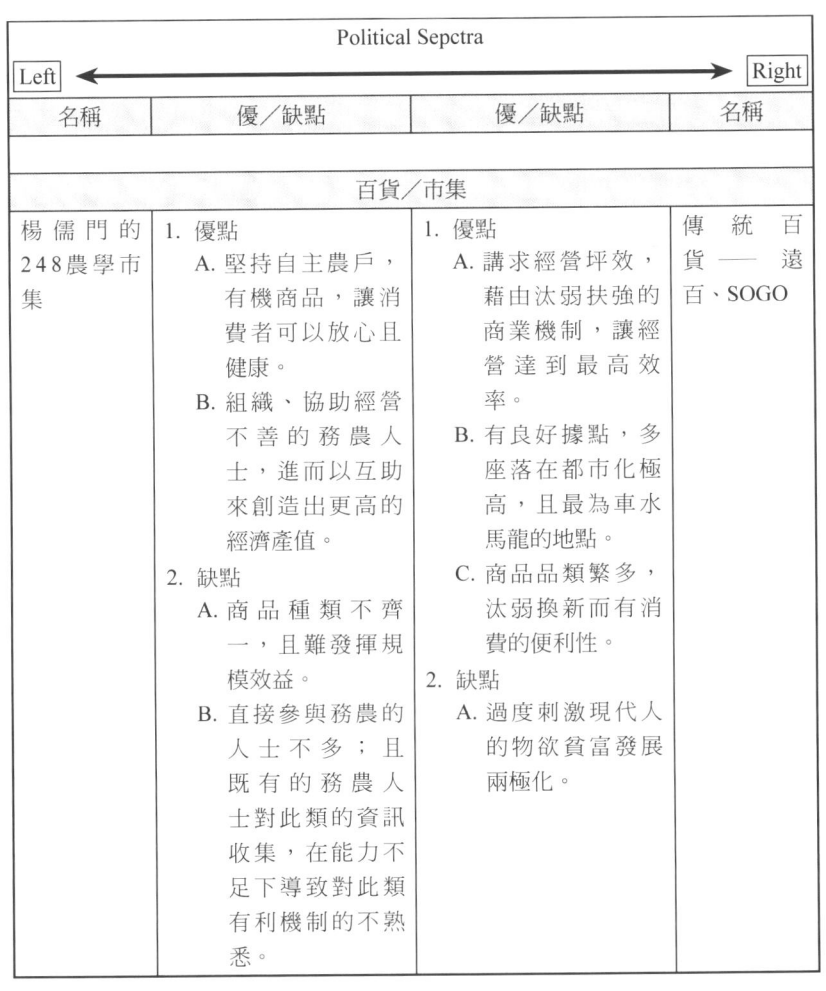

Political Sepctra			
Left ←――――――――――――――――→ Right			
名稱	優／缺點	優／缺點	名稱
	百貨／市集		
楊儒門的248農學市集	1. 優點 　A. 堅持自主農戶，有機商品，讓消費者可以放心且健康。 　B. 組織、協助經營不善的務農人士，進而以互助來創造出更高的經濟產值。 2. 缺點 　A. 商品種類不齊一，且難發揮規模效益。 　B. 直接參與務農的人士不多；且既有的務農人士對此類的資訊收集，在能力不足下導致對此類有利機制的不熟悉。	1. 優點 　A. 講求經營坪效，藉由汰弱扶強的商業機制，讓經營達到最高效率。 　B. 有良好據點，多座落在都市化極高，且最為車水馬龍的地點。 　C. 商品品類繁多，汰弱換新而有消費的便利性。 2. 缺點 　A. 過度刺激現代人的物欲貧富發展兩極化。	傳統百貨——遠百、SOGO

來源：本文整理

（二）政府作為與權力共享的可能扭曲

政府作為與權力共享主要有兩大方面的扭曲可以觀察。

<u>其一是，資產長期價值的扭曲</u>：無主物、共有物等的使用與管理方式，甚或是新權力概念的創造推動，對於資源的潛在價值與再利用可能性都會有很大的傷害。在各自有所求、各自又有奧援下，加加減減後，一些過與不及的作為也經常會讓整體的不利益遠高於各別所得的總和（愛之適足以害之）。

例如，投入意願與工作成就，並不等同於表面或是以時間長短來做計算的投入，因而在維護勞權的呼聲下，勞資權責的重新界定卻可能造成價值觀的扭曲，與就業機會的喪失。反之，像是環境衛生的維護，適度的成本轉嫁，與劃分責任區的行為回應對於社會是有利的。在隨袋徵收的政策實施後，臺北市將清運責任與收費機制由居民權利轉為公辦收費；或是轉委託民間業者，帶動了垃圾減量與回收行為的重大改變。

<u>其二，則是關於資訊報酬的歸屬，與轉嫁負擔的長遠影響</u>：居於短期獲利考量，商業資訊的內容與其提供對象容易有其潛在的偏差，因而在資訊不對稱，甚至是指鹿為馬的群體壓力下，就會讓交易公平與所得分配等的問題複雜化。同時，教育的目的即在於藉由啟發意願與學習能力

的改善後，去增加社會以資訊的分散擁有與下放決策權責的利益性。

　　但諸如高等教育的低學費政策，與十二年國教的倉促推動，實質上卻合理化了不對教育成效做事前的判讀。這樣的發展，很容易會讓課堂間的教學流於粉飾太平；而主張要以其他的認證、會考等方式，來做能力的檢覆驗證，則徒然增加學生的受教成本，以及在學習時間分配上的難度。雖然會減少記誦量的要求，但卻延長學習時間，和無端增加內容重複的必要性。

　　在21世紀的今日，全球的技術移轉、資本流動自由，以及教育普及和開放競爭參與等的成就很深。然而在既有菁英體制已然鬆動下，以智力與才華氣節為首的篩選，行將轉換為以社會性能力（Social Skill），以及有相互奧援、幫襯為基礎的發展；而出線之人則有以下的人格特質與群聚效應：

> i. 缺乏凝聚力與短期目標
> ii. 排斥競爭與能力的檢驗
> iii. 在權力爭食下動盪快速

　　因此，如何避免現一階段的動盪與虛無觀，卻反而會造成新世代的自我放逐與背棄衝動，則仍須由社會各界來小心因應；否則既有資產的自償性下降，會讓經濟成長放緩，甚而逐步回跌到低度均衡。

四、期許與建議

在高貴的人格情操與道德理想之外,你需要有冷靜的思考判斷來規劃有效方法,與為其可行性做辯護的能力。在面對技術更替與生產組合的可能變動下,你需要有批判的勇氣與想像力,以檢討既有體制的利弊得失與其修正必要;並能客觀比對出潛在獲益者的相對不利益、心力付出,與報償分配的合理性。

過去我們既有耕者有其田的財產重分配,又有義務教育的推動實施做基礎,因此諸多的理盲與濫情作為,以及假公、假義的徇私偽裝,都應該被嚴詞杜絕的。在接下去的辯論中,對於社福政策的執行成果、總體代價等都要逐一檢討。

如何打破僵化的官僚體系,與派系樁腳分食大鍋飯的徇私、護短?如何讓有限的社福預算用在刀口上,既要愛心滿滿,也要給釣竿,作好脫貧的引導一起釣大魚。同時,更要儘速讓臺灣的勞動就業回歸公平競爭;而像是高等教育與照護系統的價值開發,則更要朝知識產業的方式發展,來活化人力運用與技能養成,以補強社會保險的不足與缺失。

註釋

[1] 源於瑞德克利夫特（Michael Redclift）所說：「當我們提到『環境』的時候……我們所指的正是鬥爭和剝削，而被歷史所生產出來的東西。」轉載自Andrew Vincent著，羅慎平譯（臺北：五南，1999），頁384。

■ 數位正義E世代 ■

E世代新觀點

◎ 勞工就業回歸公平競爭，依勞基法，落實同工同酬，免於替代性剝奪。勞資雙方平等協商合理勞動條件，應依照國內生產毛額（GDP），適當調整基本工資。

◎ 稅制重分配的檢討與再設計，降低薪資所得稅負比率，落實「量能課稅」與「租稅公平」原則。

◎ 社會福利照顧弱勢家庭應擴大至近貧階級，且提供就業扶助、就業諮商、教育訓練等服務。

◎ 因應未來臺灣社會人口老年化，為照顧老年人生活與降低人民照顧負擔，照顧系統模式應朝向知識產業，以彌補社會保險的不足。

網路消費者保護
與數位出版衝突調和

數位出版產業與消費者保護：
從Google案談起

葉慶元

　　臺北市人，17歲時正是我國民主憲政改革風起雲湧之際，因而立志攻讀法律。民國86年（1997年）畢業於國立中興大學法商學院（現已改制為國立臺北大學），取得法學碩士學位，其碩士論文《網際網路上之表意自由：以色情資訊的管制中心》，獲中華民國憲法學會法學會評選為年度最佳論文。民國93年（2004年）及94年（2005年），先後取得美國賓夕法尼亞大學（University of Pennsylvania）之法律博士（J.D.）及法學博士（S.J.D.）學位；曾任美國蘇利文克倫威爾國際法律事務所（Sullivan & Cromwell LLP）律師、臺北市政府法規委員會主任委員。現為理律法律事務所資深律師、中華民國憲法學會副秘書長，東吳大學法學院兼任助理教授。

■ 數位正義 E 世代 ■

數位出版產業與消費者保護：
從Google案談起

策慶元　資深律師
（理律法律事務所）

前言、Google案之緣起

　　2011年6月2日，臺北市議員應曉薇召開記者會，指控蘋果App Store應用程式當時下載次數最多的「超級手機號碼追蹤器」應用軟體，下載後無法使用，向蘋果申訴也無法退費。[1]臺北市政府旋即依據消費者保護法發動行政調查權，除發現「超級手機號碼追蹤器」此一應用軟體確實無其所宣傳之功能外，更進而發現蘋果App Store以及Google Android Market的定型化服務條款中，均未依據我國消費者保護法第19條之規定，保障消費者7日內退費的權利。同年6月3日，臺北市政府乃一方面發函要求蘋果公司將「超級手機號碼追蹤器」此一應用軟體下架、退費，另一方面則發函命令蘋果公司以及Google修正其定型化服務條款，以確保消費者之權利。[2]

　　雖然「超級手機號碼追蹤器」此一手機應用軟體誤導及損害消費者權益的情況明確，但是蘋果公司對於臺北市政府命其將「超級手機號碼追蹤器」下架、退費的行政處

分,一開始並不配合。雙方經過近一個月的折衝,蘋果公司才終於將「超級手機號碼追蹤器」下架,[3]直到事件發生約一個半月之後,才退費給各該受害的消費者。[4]然也或許因為此一「超級手機號碼追蹤器」的爭議,使蘋果體認到手機應用軟體未來可能爭議不斷,且個案處理非僅可能耗費更多之公司資源,更可能影響公司形象。於是在7月中旬,蘋果正式推出專屬臺灣的App Store定型化服務約款,明文保障臺灣消費者在下載手機App後7日內可請求退費之權利。[5]

相對於蘋果,Google對於臺北市政府要求修正Android Market定型化服務條款的態度則強硬許多。Google不僅在臺北市指定的限期改善期間中並未修正其服務條款,更直接停止對臺灣的消費者提供付費App銷售服務。[6]此後,雖然雙方經過多次協商,都無法達成共識,以致於透過Android Market進行數位商品銷售的臺灣軟體開發商,都受到相當程度的影響。

一、我國消費者保護法對數位商品及服務之規範

我國的消費者保護法係於1994年訂定,當時網路仍在發展初期,所以最初的消保法雖然有針對遠距消費進行規範,但是只管制「郵購買賣」,並未管制網路消費。[7]到2003年消保法修正時,由於網路購物已經形成時尚,行政院消費者保護委員會乃將透過網路、電視、電話、傳真等

消費者在購買前未能檢視商品之遠距消費，均納入消保法的規範範圍，但在立法體例上，卻並未隨著概念的擴充而將原來「郵購買賣」之名稱同步變更為「遠距交易」。[8]進而言之，依據消保法第19條第1項，郵購買賣之消費者在收到商品之後，在7日內享有無條件之契約解除權，消費者無須說明理由，亦無需負擔任何費用，即可要求賣方退還貨款。為避免企業經營者透過定型化契約剝奪或限制消費者此一解約權利，同條第2項及第3項還特別明定，企業經營者與消費者之約定如違反此7日「猶豫期間」之規定，或是關於解除契約後回復原狀的約定比民法相關規定對消費者更不利者，均屬無效。[9]易言之，針對消費者在購買前無法檢視商品的遠距交易，我國消保法的7日猶豫期間係屬強行規定，企業經營者及消費者不能以契約加以排除，否則亦屬無效。

除了商品的網路交易受到消保法第19條規定的規範外，消保法第19條之一並將透過網路、電話、傳真等遠距交易的方式購買服務之交易行為，也準用郵購買賣的規定。[10]易言之，不僅網路購買商品必須適用消保法第19條——「7日猶豫期間內無條件解除契約」的規定，透過網路購買服務也同樣有7日猶豫期間的適用。此外，由於部分業者對於透過網路購買軟體等數位商品（如軟體、數位出版品）是否應適用消保法仍有疑慮，行政院消保會在2003年也做出函釋，明確指出透過網路販售數位化商品，如未

能提供消費者檢視商品之機會，也必須適用消費者保護法郵購買賣的規定。[11]

　　雖然消保法在2003年修正時已經透過修法以及函釋的方式，將透過網路購買數位化商品列入消保法規範的範圍，但是由於各級政府機關並未積極執法，所以網路業者透過定型化服務條款方式，將影音數位化商品、電腦軟體、數位化出版品排除7日猶豫期間的狀況非常普遍，直到臺北市政府從2010年開始針對所謂的「網路零售業者」開始執法，要求PChome、Yahoo!等業者修正定型化服務條款，刪除影音數位化商品不得退貨的約定，才開始引起業者的注意以及相關的訴訟。[12]等到Google案爆發，Google進而暫停付費App的銷售行為後，網路銷售業者、軟體開發商、數位出版業者及網友更是大幅反彈。遺憾的是，業者以及網友反彈的對象並不是修法的立法院或是做成函釋的行政院消保會，卻是針對依據法律及函釋執行法律的臺北市政府。[13]

二、Google案對於數位產業之衝擊

　　在Google對臺灣停止付費App的銷售後，對於數位出版業者主要實際影響在於銷售平臺的減少以及銷售程序的複雜化。由於Google的Android Market是屬於開放式平臺，所以在Google停止銷售服務之前，數位出版業者很容易就可以將數位化出版品轉化為付費App上架Android Market進

行銷售；目前由於Google的抵制態度，業者則必須透過其他銷售平臺（如蘋果以及微軟），或是透過免費App的in-App purchase機制，來進行銷售。由於經營模式必須配合調整，所以業者的抱怨也就可以理解。

除此之外，Google案發生後，臺灣的數位產業開始意識到消保法第19條對於遠距交易的規範可能影響其營運模式，甚至提高其營運風險，於是開始提出修法的主張。其中，出版業的四大公協會（中華動漫出版同業協進會、臺北市出版商業同業公會、臺北市雜誌商業同業公會以及臺灣數位出版聯盟）即出面發表聲明，認為消保法第19條郵購買賣的規定應「考慮每項產品的使用方式不同」，而針對「鑑賞方式交易流程……重新規範」。[14]具體而言，四大公協會指出以下之疑慮：

> 不同的數位商品，購買流程不同，購買銷售體系亦有所不同，應有不同的鑑賞期。一本電子書或雜誌，一首歌曲或一部電影，不用一天即可消費完畢，消費者在7日內援引檢視鑑賞條款，要求無條件退費，對數位內容業者的經營十分不恰當。同時數位內容產品在下載後，可輕易複製，幾乎沒有任何配套措施，可保證消費者已刪除或沒有複製其要求退費的數位產品。……臺灣數位內容業者若承擔無條件退貨，營運風險大幅提昇……。[15]

基於以上疑慮,四大公協會呼籲政府儘速修法,並提出以下的具體建議:

1. 區分實體產品和數位內容產品之不同,檢視鑑賞產品方式也應有不同。數位產品或內容服務應建立合適的試用機制,讓消費者購買前先了解,避免事後糾紛。
2. 鑑賞方式非以7日時間為唯一考量,應以產品特性來分類管理。要求數位內容業者提供適當方式鑑賞。

如隨選電影提供前10分鐘試看、電子書提供第一章試閱、電子雜誌提供部份單元試讀、工具型軟體提供Lite版本試用、遊戲提供第一關試玩、歌曲是前30秒試聽……等,都是可以考慮的。

基本上,四大公協會的疑慮並非無的放矢,建議也非常理性。不過對於風險的評估部分可能仍有衡酌的空間。因為從去(2011)年7月開始,經臺北市政府多次詢問蘋果、PChome、Yahoo!等網路銷售業者,各該業者均表示自從依循市府要求貫徹7日內退費之規定以來,並未出現消費者濫用退費權利的情形,顯見此部分的風險被過度誇大。

再者,依據行政院消保會在2003年的函釋,透過網路銷售數位化商品,只要在銷售前給予消費者「合理檢視之機會」,即不構成「郵購買賣」,從而並無消費者得在購

買後7日內無條件解除契約並要求退費的問題。在後續業者與臺北市政府溝通的過程中，市府也明確表態支持四大公協會上述「電子書提供第一章試閱、電子雜誌提供部份單元試讀、工具型軟體提供Lite版本試用、遊戲提供第一關試玩、歌曲是前30秒試聽」的主張。換言之，絕大多數的數位商品都可以藉由提供消費者試閱、試用、試聽等方式，而被排除於「郵購買賣」之外。

事實上，在網路交易實務上，許多電腦軟體的開發商甚至會提供消費者30日的試用期，試用期滿消費者才需付款取得產品金鑰並註冊，所以7日的猶豫期間對於網路軟體的銷售而言，並未逾越一般交易習慣。至於影音商品或是MOD的影音服務，又或是電腦遊戲消費者如果在使用完畢後要求解除契約並退費，本質上實屬「權利濫用」之行為。[16]值此情形，業者縱拒絕退費，亦不至於構成違法。進而言之，業者也可以依據個別消費者的消費紀錄，來決定未來是否繼續與各該消費者進行交易，來減低消費者濫用解約權的風險。[17]

三、Google案之發展

Google針對臺北市要求其修正Android Market定型化服務條款之限期改正命令以及課處100萬罰鍰之行政處分，均循訴願及行政訴訟程序進行救濟。其中訴願的部分已在今

（2012）年1月，被經濟部駁回。[18]經濟部駁回Google訴願的主要理由包括：[19]

1. 透過網際網路銷售軟體必須提供7日的猶豫（鑑賞）期，是我國消保法的強制規定，對於手機應用軟體的銷售者亦有適用；
2. Google是手機應用軟體的實際銷售者，不是單純的交易平臺，必須遵守我國消保法的規範；
3. 消費者在透過Android Market下載App時，買賣契約即已成立，消費者在下載前並沒有合理的檢視機會；
4. 程式開發者於Android Market販售軟體，需依據Google擬定之軟體開發工具（Software Development Kit）撰寫，始能於Android Market網站販售，且該程式亦僅能於Android Market頁面使用。Google對於自己與程式開發者或消費者之權利義務關係，均透過定型化契約掌有實質影響權限；
5. 臺北市政府在處分做成前業已詳盡調查，並且給予Google適當的說明機會，符合正當法律程序的要求；
6. 基於Google在手機應用軟體市場的的市場佔有率等因素，100萬的罰鍰金額並未過重。

由經濟部訴願決定可知，臺北市政府當初對於Google的限期改正乃至於裁罰處分，並非違法恣意的行為。事實上，臺北高等行政法院之前在PChome與臺北市政府的爭訟之間，也認定網路數位化商品的販售，仍應適用消費者保

護法第十九條郵購買賣之規定。[20]不過,最高行政法院在今年(2012)3月22日,針對2010年臺北市政府命PChome限期修改其網路服務條款,保障消費者7日內無條件退費權之行政處分,則判定臺北市政府敗訴,並指出遠距交易的企業經營者如果透過定型化契約減輕其責任,其法律效果依法即為無效,臺北市政府不得依據消費者保護法之規定,命令各該業者修正其服務條款。[21]此一判決不僅可能會影響網路交易,對於未來定型化契約的查核也都會產生影響,是否會成為最高行政法院的確定見解,值得觀察。

四、最新發展:修法?

由於Google案懸而未決,加上業者持續有修法的呼聲,故行政院以及部分立法委員也出現了修法的提議。其中丁守中立法委員即主張修正消費者保護法第19條,將生鮮、音樂、影像等商品排除猶豫期適用:

> 消費者保護法第19條修正草案(丁守中委員版):
>
> 郵購或訪問買賣之消費者,對所收受之商品不願買受時,得於收受商品後7日內,退回商品或以書面通知企業經營者解除買賣契約,無須說明理由及負擔任何費用或價款。但郵購買賣者有合理例外情事,不在此限。

郵購或訪問買賣違反前項規定所為之約定無效。第一項合理例外情事，由行政院定之。

此一修法主張，獲得經濟部以及相關業者的呼應。[22]業者指出，「許多消費者買完數位商品之後就帶回家燒錄，然後再原件退回，已經嚴重觸犯智財權。」[23]業者並且強調，「數位產品的價值在於其內容，但有消費者總會濫用7日鑑賞期的規定，創作者無利可圖，只好紛紛離開文創和新興產業，形成惡性循環。」[24]與業者立場近似，經濟部也贊成修正消保法第19條排除數位化商品，「只要業者能盡到揭露產品資訊的責任，或是提供試用服務，將樂見此修法通過。」[25]

相對於業者的普遍支持以及經濟部的樂觀其成，消費者保護文教基金會則明確表示反對的立場：

> 英、美等國相關之法規中，雖然於猶豫期間訂有除外規定，但其前提均是嚴格要求業者從事網路交易締約前的「先契約資訊提供義務」，如企業經營者資料、商品相關應標示資訊、買賣雙方之權利義務等。……以臺灣的現況來看，業者於交易前提供的資訊缺漏不少，甚至多有違法條款，主管機關對於業者必須事前公布於網路的內容有落實查核並予以導正嗎？

目前從草案內容來看,所謂的「合理例外情事」過於籠統,雖然草案中指出,未來將交由行政院以行政命令訂之,但母法中的條文過於空泛,沒有任何較為具體的約束內容,未來行政院訂出的規範會不會過於包山包海、讓例外反而變成原則?所謂的行政命令又是不是可以有效避免業者擴充解釋、訂出一連串沒有排除理由的商品名目?[26]

值得注意的是,丁守中委員雖然在記者會中強調修法是為了排除生鮮、音樂、影像以及數位化商品,但是實際提出的草案卻是以「合理例外」此一「不確定的法律概念」將範圍不確定的產品、服務以及交易行為排除在郵購買賣之外,如此的確有可能出現消基會所謂「例外反而變成原則」的顧慮。相對於丁守中委員的修正草案,歐盟在2011年通過的消費者保護指令草案則是一方面將解約權的行使期限擴張到14日,另一方面明確地將已領受的服務、產品價格具金融市場浮動性之商品、定作商品、易腐壞之物品、性質不宜退貨之商品(衛生考量)、經拆封之影音商品、出版品(報紙、期刊、雜誌)及透過網路傳輸之數位化商品……等,排除在解約權適用範圍之外,此一立法方式顯然較為明確,不至於有反客為主的疑慮。[27]

基本上,如果確定走向修法,丁守中委員的修法版本應該是明確不可行,歐盟的立法先例則或有可參採之

處。不過在目前網路消費的實務上,針對化妝品、食品等商品,業者早已透過隨商品提供「試用包」或「試吃包」的方式,讓消費者可以不必直接拆封所購買的商品,就可以進行試用、試吃,然後決定是否要行使契約解除權,故針對此部分有無修法必要性存在,實不能無疑。再者,針對影音商品,部分業者也已經和唱片業者以及電影業者談妥,讓消費者在購買前可透過網路觀賞一部份之音樂或影像,從而排除郵購買賣之適用,故針對此部分有無修法需求,亦值得商榷。另外,針對數位出版品,目前許多雜誌或書籍,原本就會公布一部份之內容在網路上供讀者參考,並作為決定是否購買的依據,如此非但是行之有年的行銷手法,也已經可以排除消保法郵購買賣之適用。至於業者一再強調「許多消費者買完數位商品之後就帶回家燒錄」等侵害著作權法的違反行為,由於與臺北市政府調查結果相悖,恐怕需要更具體的數據,才比較適宜作為修法的依據。

五、結論

　　Google案固然是吹皺一池春水,但是實則也提供國內的數位產業以及政府機關重新檢視消費者保護法的契機。由目前實務上的發展觀察,業者對於消費者濫用退費權利的疑慮恐怕是過度緊張,是否應該因為Google此一單一外國業者的堅持,就進行法律的修正,實有商榷的空間。基

本上,任何跨國企業在進入一國的市場時,本來就應該注意並遵循該國的法律規範,而不應秉其經濟上的強勢地位,刻意地不遵守法令。事實上,Google堅持不肯遵循臺灣的法律修正其服務條款,不僅破壞本身的企業形象,也會促使數位產業改與蘋果或是微軟合作,對Google、Android手機使用者、Android手機製造商(許多均為臺灣廠商)以及相關的合作業者傷害最深。Google如能懸崖勒馬,依循蘋果以及微軟、Yahoo!等國際企業之先例,遵循臺灣的消費者保護法修正其服務條款,重啟臺灣的手機付費App銷售服務,方為正辦。

註釋

[1] 郭美瑜、蔡惠如,〈蘋果App買了不能用〉,《蘋果日報》,2011年6月3日,http://www.appledaily.com.tw/appledaily/article/headline/20110603/33433381。

[2] 原本Apple App Store的退費條款規定:「若交易後至下載前無法提供產品,您唯一之救濟即為退款。如技術問題妨礙或不合理延遲您產品之交付,您排他及唯一救濟即為換貨或退還已付金額,並由iTunes決定處理方式。」至於Google Android Market,則是在下載後15分鐘內,允許消費者直接透過手機的使用介面進行退款。參見,臺北市政府法規委員會,〈手機軟體無退費機制 臺北市命蘋果及Google限期改善〉,臺北市政府法規委員會新聞

稿，2011年6月3日，http://www.law.taipei.gov.tw/ct.asp?xItem=1962874&ctNode=25476&mp=120041。

[3] 臺北市政府法規委員會，〈蘋果將「超級手機號碼追蹤器」下架 北市府：消費者的勝利〉，臺北市政府法規委員會新聞稿，2011年6月17日，http://www.law.taipei.gov.tw/ct.asp?xItem=2009658&ctNode=25476&mp=120041。

[4] 網路上盛傳，蘋果對於手機App有不成文的「30日鑑賞期」——下載後30日內，如不滿意均可退費。但是由「超級手機號碼追蹤器」此一無效應用軟體，在官方出面下，仍經過一個多月才終於退費、下架，可見所謂蘋果原提供消費者30日鑑賞期的說法明顯不實。參見，臺北市政府法規委員會，〈消保重大進展 蘋果依北市府要求賦予手機App消費者7日退費權〉，臺北市政府法規委員會新聞稿，2011年7月14日，http://www.law.taipei.gov.tw/ct.asp?xItem=2106907&ctNode=25476&mp=120041。

[5] 修正後的App Store定型化服務契約新增以下條款：「您得自產品收受之日起7日內，取消對產品之購買。在您通知iTunes您已刪除產品所有備份之前提下，iTunes將會退還您已支付之價款。自您取消購買時起，您不再被授權繼續使用該產品。此項權利不可拋棄。」Apple，〈Mac App商店、App商店與iBookstore銷售條款〉，2012年7月18日，http://www.apple.com/legal/itunes/appstore/tw/terms.html#SALE。

6 蔡偉祺、王珮華,〈七天鑑賞期／Google與北市府協商兩週後再說〉,《自由電子報》,2011年7月1日,http://www.libertytimes.com.tw/2011/new/jul/1/today-life2.htm。

7 當時的消保法第2條第8款將「郵購買賣」定義為:「指企業經營者已郵寄或其他遞送方式,而為商品買賣之交易型態」。

8 消費者保護法第2條第10款:「郵購買賣:指企業經營者以廣播、電視、電話、傳真、型錄、報紙、雜誌、網際網路、傳單或其他類似之方法,使消費者未能檢視商品而與企業經營者所為之買賣。」由於「郵購買賣」的名稱並未隨定義擴充而改變,許多網路業者均對於政府以「郵購買賣」之規定規範「網路交易」感到困惑不解,甚至引發批評與討論。

9 消費者保護法第19條:「郵購或訪問買賣之消費者,對所收受之商品不願買受時,得於收受商品後7日內,退回商品或以書面通知企業經營者解除買賣契約,無須說明理由及負擔任何費用或價款。(第一項)郵購或訪問買賣違反前項規定所為之約定無效。(第二項)契約經解除者,企業經營者與消費者間關於回復原狀之約定,對於消費者較民法第259條之規定不利者,無效。(第三項)」

10 消費者保護法第19條之一:「前二條規定,於以郵購買賣或訪問買賣方式所為之服務交易,準用之。」

[11] 行政院消費者保護委員會92年3月25日消保法字第0920000393號函（「查本法第2條第10款規定，所謂郵購買賣係指企業經營者以廣播、電視、電話、傳真、型錄、報紙、雜誌、網際網路、傳單或其他類似之方法，使消費者未能檢視商品而與企業經營者所為之買賣。故若企業經營者提供網路交時，以合理方式使消費者有機會於適當時間內得以檢視該等數位化商品者，才可認為其交易非屬本法所稱之郵購買賣。」）。

[12] 當時除PChome之外，其餘業者均同意修正服務約款，來保障消費者7日內無條件解除契約之權利。

[13] 網友對臺北市政府的批判非常多，尤其在Google停止銷售付費App之後，幾乎每天都有10封以上的網友投書到市長信箱對市府的官員進行言詞上的羞辱。以下檢附兩則相關網誌作為例證：Goston，〈[幹譙] 軟體鑑賞期之腦殘、白痴北市府〉，《Goston's Blog》，2011年6月27日，http://www.goston.net/2011/06/27/2854/；電腦王阿達，〈驚！GOOGLE全面停止臺灣Android Market銷售App服務〉，《電腦王阿達的3C胡言亂語》，2011年6月27日，http://kocpc.pixnet.net/blog/post/28785421。

[14] 臺灣數位出版聯盟，〈四大公協會對消保法第19條「7日鑑賞可無條件退費」的立場〉，《臺灣數位出版聯盟》，2011年7月19日，http://www.dpublishing.org.tw/2011/07/19.html。

15 同前註。

16 民法第148條第1項:「權利之行使,不得違反公共利益,或以損害他人為主要目的。」

17 實務上即有床墊業者聯合抵制某一住在宜蘭的消費者,蓋其曾一次訂購三個床墊,並在試用之後將其中兩個退還。此外,亦有餐廳拒絕對某消費者提供外送服務,因為該消費者曾訂購昂貴之餐點,卻在餐點送到後拒絕收貨、付款。

18 經濟部101年2月1日經訴字第10106100720號訴願決定及經訴字第10106100730號訴願決定。

19 同前註。另可參閱,臺北市政府法規委員會,〈拒絕提供七日鑑賞期 Google訴願敗訴〉,臺北市政府法規委員會新聞稿,2012年2月3日,http://www.law.taipei.gov.tw/ct.asp?xItem=16950869&ctNode=25476&mp=120041。

20 臺北高等行政法院100年度訴字第1375號判決(網路家庭國際資訊股份有限公司 v. 臺北市政府)。

21 最高行政法院101年度判字第272號判決(網路家庭國際資訊股份有限公司 v. 臺北市政府)。

22 陳珮瑜,〈消保法新增除外條款 業者紛表支持〉,《臺灣醒報》,2012年5月8日,http://www.anntw.com/awakening/news_center/show.php?itemid=30924。

23 同前註。

24 同前註。

[25] 同前註。

[26] 財團法人中華民國消費者文教基金會,〈<消保法>「猶豫期」條款訂除外原則,無正當性與必要性!〉,《財團法人消費者文教基金會》,2012年4月20日,ttp://www.consumers.org.tw/unit412.aspx?id=1572。

[27] 但透過網路傳輸的數位化商品,必須取得消費者之事前明示同意(prior express consent),且消費者明確認知下載後即喪失解約權,方得排除解約權之適用。E.U. Directive on Consumer Rights, November 22, 2011, Article16, http://eur-lex.europa.eu/LexUriServ/LexUriServ.do?uri=OJ:L:2011:304:0064:0088:EN:PDF。

■ 數位正義E世代 ■

網路消費者保護與數位出版衝突調和

數位出版產業生態發展的善循環

王榮文

民國38年（1949年）生，生於嘉義縣義竹鄉，現任遠流出版公司及智慧藏學習科技公司董事長。民國56年（1967年）北上就讀國立政治大學教育系，民國85年（1996年）畢業於國立政治大學企研所企家班。民國64年（1975年）在吳靜吉、鄧維楨、薇薇夫人協助下，創辦「遠流出版社」，成為他一生志業的主體。民國76年（1987年）首度榮膺臺灣金石堂書店的「出版界年度風雲人物」。

■ 數位正義E世代 ■

數位出版產業生態發展的善循環

王榮文　董事長
（遠流出版公司）

　　很高興和葉慶元律師一起探討「數位出版產業與消費者保護」的議題，剛剛他已經用Google公司與臺灣法律保障消費者的衝突個案來表達他的經驗和見解。

　　今天演講前我上網查了一些相關的資料，其中：數位出版聯盟和音樂團體有鑒於電子書和原創音樂的域外網路盜版嚴重，希望NCC執法封閉邊界，尊重智財權、保障創作者、出版者、消費者權益，這是產業界對政府的建言。

　　另外下面這份資料，顯示瑞士政府的決策對我們也很有啟發性。

　　　根據調查，三分之一的瑞士民眾從網站下載未經授權的音樂、電影和遊戲。跟其他國家一樣，瑞士的娛樂產業也抱怨網路盜版讓他們蒙受鉅額損失。因此，從去年開始，政府開始思考是否該對這樣的現象做些什麼。

　　　瑞士政府展開一項研究，試圖找出網路下載行為對社會造成的影響。他們進行調查，也借鏡荷蘭政府去年的研究，最後決定維持個人用途的檔案下載合法性。

網路消費者保護與數位出版衝突調和 ■

　　研究報告指出，每當一個新的科技媒介出現時，總會出現一些「濫用」的行為，這是科技進步時，必須付出的代價。在這樣的情況下，贏家是那些能運用新科技，提升競爭優勢的人；輸家則是那些沒有順應科技發展，並且持續維持舊有商業模式的人。更何況，即便是在盜版猖獗的現在，娛樂產業也未必虧錢。

　　瑞士政府認為，娛樂產業反對所有的技術創新，是出於對於自己商業王國將會倒閉的恐懼，這並非面對環境改變的良好態度。這份研究報告還檢視了一些反盜版法，以及其他國家近期對盜版採取的手段。研究指出，法國今年就花了1,200萬美金（約3.6億臺幣），瑞士政府認為這筆金額太過高昂。

　　因此，瑞士政府給娛樂產業的建議是，他們應該適應消費者行為的改變，否則就等著倒閉吧。他們完全看不出有任何必要修改法案，因為無法證明下載行為對於對於國家文化產業有任何負面影響。

（資料來源：科技報橘；原始資料來源：Demowalls）

　　遠流出版公司從1992年起成立「電子書工作室」，發展《老鼠娶新娘》等CAI教育光碟，1994年起成立「遠流博識網」，經營網路書店與「金庸茶館」等網路社群，

■ 數位正義E世代 ■

2000年起以智慧藏學習科技公司經營線上字詞典、百科全書與主題知識庫，並匯聚臺灣學術期刊、專書、論文、研究報告等資源集為TAO（Taiwan Academic Online）服務國內外知識圈。遠流也關注單冊電子書B2C市場，2006年積極研發Koobe DRM Platform，2008年發行PC版科學人電子雜誌，2010年仿傚Amazon Kindle將電子書內容、軟體、硬體、通訊、通路五合一，發行華人世界第一部最有代表性的「遠流金庸機」。

以上這些遠流數位發展的里程碑，諸位都可在網路公開資料上閱讀，我今天就不細述了。我把前一陣子我在師大參加由陳昭珍主持，與張善政、薛良凱對談的「臺灣電子書產業發展前景論壇」發言稿唸給大家聽，您們就可以知道我最重視的是良性循環的產業發展生態系統，這包括作家、出版者、周邊協力廠商、消費者各方面的努力和利益。以下請大家指教：

今天我用三個面向來跟大家談，一是臺灣出版社面臨的問題、二是出版界與圖書館的合作、三是政府應該為電子書做些事。去年我以臺北書展基金會董事長的身分接受*Publishers Weekly*記者的訪問，他問到臺灣出版界面臨的最大挑戰是什麼？要我舉出三項來說明。我說，第一是紙介出版逐漸沒落，紙本書的需求不再增加，傳統編輯選書壓力更勝於

網路消費者保護與數位出版衝突調和

以往;第二,數位出版方興未艾,但穩定的商業模式尚未形成,電子書的投資回收仍然不易評估。第三個挑戰是,華文出版市場的單一化機制尚未建立,臺灣出版市場仍然受限於規模,並無法以其品牌同時經營作家的繁體字與簡體字版權,華文圖書雜誌最大的市場是擁有14億人口的中國大陸,臺灣出版人要進入仍屬於國家管制意識形態產業的大中國市場,仍需要經過重重的政治談判,並不是單純的兩岸出版品互惠的問題。由於中國大陸不允許臺灣出版社在當地經營品牌,合法取得書號,這就需要政府出來談判。我的方案是:兩岸各給出一萬個書號,讓彼此可以對等地、合法地在對方經營作家、作品和出版品牌,讓臺北遠流、臺灣大塊、臺灣天下……在大陸,而大陸人民文學、北京商務、大陸廣西師大……在臺灣活動,成為可能。

電子書遭遇的問題比想像中複雜,美國最大的教育出版社Scholastic亞洲總裁談到他們的電子書發展策略,強調仍以英文版兒童繪本及英語學習教材為主,不會進入中文翻譯市場;但日本人授權漫畫電子版,已考慮自己進入中文手機市場,並不把翻譯權按地區授權。如果Scholastic也這樣做的話,臺灣兒童電子書市場馬上會減少50%。因此,鼓勵原創變成是國家最重要的出版政策、文創政策。臺灣

的作家和出版人還擔憂,如果電子書銷售量大,是不是紙本書會受影響?但對電子書最大的挑戰是,目前臺灣的電子書產業生態未形成,無法預估銷售量,因此就無法跟國外出版社談電子書授權。這個問題應該怎麼解決?我的方案是:利用臺灣4千所中小學的圖書館聯合起來採購電子書,組織一個選書委員會,由政府獨立編列預算,從每年臺灣出版的4萬種新書中挑選4千種新書做為電子書,而被選上的書因為賣出了4千個複本(copies),出版社就有足夠的說服力解決海內外作家授權的問題,也才能形成良性循環的電子書產業生態。

另外,12年國教即將展開,利用電子書輔助教學幫助學生達成各科基本能力素養是必然的趨勢,但學校必需採購足夠的電子書。教育部電算中心應該變成雲端電子書服務中心,透過與圖書館、出版社編輯的合作,可以與學校老師共同發展各種閱讀導引或知識導引的加值服務。由於牽涉到著作權、改作權及其他衍生權益,因此要完成各方都可以接受的授權利用模式,可能是另一個全新的挑戰。

過去出版社用電子書資料庫B2B2C來服務學校,市場機制沒有問題。但單冊電子書如何服務全校、甚至如何服務全國的教育體系,作者與出版社的權益保障的確是一個複雜的問題。不小心這就影

響了未來出版產業的存亡榮枯。新上任的文化部長龍應台女士，2008年5月12日在中國時報人間副刊發表「文化政策是什麼？」一文，提到我們到圖書館去借免費的小說，但作家權益是否受到照顧？圖書館每借給讀者一本書，可否就付作者一次版稅？優秀的作家能不能存活，買書與閱讀風氣盛不盛，這都與文化政策有關。她還寫到：瑞典立法嚴格保障智慧財產權，德國、紐約政府透過補貼方式讓民眾能以低價買票看表演。而我因為去了巴黎書展考察，知道他們對於電子書業的發展也是憂心忡忡，主要是不想被美國自由殺價的制度控制，所以2011年特別訂定法例，主張電子書銷售應和紙本書一樣，需依法按定價販售。

如果教育部電算中心或國家圖書館可以把臺灣的出版品都變成雲端電子書庫，學生要借書、買書或看書都有人可以支付權利金，使得出版者與作者可以分配到利潤。那麼即使有一天紙本書消失了，因為電子書在學校市場還存在著合理支付的商業模式，作家仍然可以高興地創作，而出版社仍然有創意發展空間。

■ 數位正義E世代 ■

E世代新觀點

◎ 數位化商品之猶豫期如進行修正,得考慮數位化商品之價格與性質,課與不同期間之猶豫期規範。對於高價商品並應比照歐盟延長猶豫期至十四日。

◎ 對於不遵守「定型化契約應記載及不應記載事項」之業者,應將其責任明確化,以保障消費權益。

◎ 出版品未來若形成雲端電子書庫,借書、買書,應傾向付權利金,以維持出版社及作者之利潤。

◎ 電子書為未來出版產業新趨勢,應透過良善完整的智慧財產權保護,以保障作者、出版社、消費者的權益。

偏鄉充滿數位機會

關於資訊服務的信念，
那些忽明忽滅的火光

陳佳惠

2008年參加國立清華大學坦尚尼亞資訊教育服務志工團，2010年擔任副領隊。2011年參加國立清華大學貝里斯資訊教育服務志工團，2012年擔任指導老師。畢業於國立清華大學中國文學系，現任職於國立清華大學全球事務處。

大學開始參加服務性社團，2008年在坦尚尼亞的那一個月，後來化成她一輩子的養分：「我不是要去打開他們的眼睛；我想要的是去和他們交換眼睛，然後我們各自都會看見更高更遠的世界……他們有好長好長的一段路要走，會有點辛苦，但是充滿希望，而我何其幸運能夠陪他們走上一程，看見這麼可貴的風景。」她說。

■ 數位正義E世代 ■

關於資訊服務的信念，那些忽明忽滅的火光

陳佳惠　專案經理
（國立清華大學全球事務處）

首先想跟大家分享的是，我一開始接到須文蔚老師邀請時的心情。畢業於中文系的我，一聽到須老師的來電，只能用「受寵若驚」四個字來形容，畢竟以前只在書上讀過老師的名字呀！

我是從2008年開始參與國立清華大學的國際志工計畫，當時是到東非的坦尚尼亞去從事資訊教育服務；2010年的時候擔任團隊的副領隊；隔年又參加貝里斯的志工計畫，然後今年擔任這個貝里斯志工團的領隊，除了把過去關於服務、爭取贊助和聯繫的經驗分享給新的團隊，也會在暑假時陪伴他們到當地。

接下來，我想跟大家分享的2008年和2010年到坦尚尼亞擔任志工的緣起和經驗。一開始想參與這個計畫，是因為一位來自法國、在臺灣住了13年的神父，在當時的志工招募說明會上，他說在他很小的時候，有一回看新聞，看到一個非洲的媽媽抱著一個很瘦很瘦只剩下骨頭的小孩，記者用英文說，這個小孩可能活不到明天早上。當時我問我的媽媽，為什麼他會死掉？」「因為他生病了。」「為

什麼他會生病？」「因為沒有東西吃⋯⋯」「那為什麼他們沒有東西吃啊？」「因為飢荒⋯⋯」「飢荒是什麼？我們會不會有一天也會飢荒，然後沒有東西吃、生病又不能去看醫生⋯⋯？」從那天之後，他就常常被一種「良心不安」的感覺給籠罩，總覺得自己「憑什麼能擁有這麼多呢？」就是這種感覺引起了我的共鳴，因為我也常常被這種不安困擾著。這是一個很小的契機，可是一腳踏入，就走了五年。

起初我們總會想要「從大處著手」，於是就從最大的「聯合國千禧年發展目標」看起，結果那些目標又好像太偉大到我們好像很難做到？我們都還只是學生（那時候的我），我們可以做甚麼呢？可以怎麼樣達到那些目標呢？不如這樣，先來看看自己有什麼好了。

首先，學生是教育資源的受惠者，這可能是現階段的我們擁有最多的財產。再來，我就讀的清華大學本身就在「資訊」這一塊比較擅長；後來又聽過連加恩先生的演講，他曾經說過：「非洲國家不能再錯過資訊革命」，他解釋道：「當然對於多數非洲國家相對落後的原因，有很多種不同的解釋，其中一種就是：這些國家在一開始錯過了工業革命，而進行了工業革命的國家又拿這些成果來殖民他們，後來就開始了一連串的強勢入侵，強者愈強，弱者愈弱」，「如果這個時候他們再一次錯過了資訊革命，這些非洲國家與已開發國家的距離就會越來越大了。」前

頭兩個原因加上這段話的啟發，讓我這個學文學的人也思考起來：也許「資訊」真的是一個我們可以服務的領域。更加不可否認的是，以現在這個發展迅速的世界而言，「電腦資訊」是一個我們能夠讓孩子撫摸世界輪廓最快（但絕對不是最好）的方式。這些相對弱勢國家的孩子，沒有辦法像我們一樣，透過大量的媒體、娛樂甚至是旅行去看見世界，可是一打開電腦、連上網路，他們就開始了體驗世界的旅程。

第一年去坦尚尼亞的時候，其實是非常惴惴不安的。越是用力地準備，就越是擔心自己準備的不是他們需要的。所以第一年我們13個大學生去到那裡，什麼都教，教數學、教英文、教化學，也教電腦。後來，我們慢慢不那麼惶恐了，因為真的和他們生活在一起過之後，也就越來越清楚他們想要的、需要的是什麼。每一堂課後，我們都請學生寫問卷，發現他們最有興趣、卻也是最不得其門而入的學科，就是電腦；但是你可以想像，這也是他們進展最大的一門課，畢竟他們很多人過去從來沒有碰過電腦，經過兩個星期的課程，他們可以運用「一指神功」打出一小段文章、把這段小文章剪下再貼上、改變它的字型和顏色，或是用PowerPoint做出一張色彩繽紛的卡片……。我想我不會忘記孩子們臉上那種又是怯怯的又是充滿驚喜的表情，對世界，也對他自己。

偏鄉充滿數位機會 ■

圖一　孩子們用PowerPoint做出色彩繽紛的卡片之後，露出充滿驚喜而滿足的表情，對世界，也對他自己。

　　2008年，我負責教的是PowerPoint，可是從國中電腦課就開始打混的我，其實自己也不太上手，又不好意思問別人（都念到研究所了！），但為了要教學，只好到圖書館去借書來看，一個步驟一個步驟練習，然後思考要怎麼教小朋友。到坦尚尼亞的Epiphany小學的第一天，負責教電腦的我和夥伴到電腦教室去場勘，先檢查一下每臺電腦的情形。我在臺灣時下載了一個做卡片的軟體，有很多漂亮的圖檔跟範本，所以檔案比較大，大約有4G。但是當我打開那裡的電腦檢查的時候，赫然發現那臺電腦的總記憶體也就是4G，比我的隨身碟還小，眼睛不自覺地瞪大，眉頭也皺了起來。學校裡負責教電腦課的老師站在我旁邊注意到我的表情，問我：「是不是容量太小了？」我為難地

65

說:「有一點」,她諒解地說:「沒關係,我來處理」接著動作迅速地刪除了兩個遍佈桌面的Word檔,問我:「這樣呢?」我只好說:「Much better! Thank you.」後來我告訴她我瞭解這裡電腦的狀況了,會回去檢視我的教案,一邊起身,電腦已經關機了;當時我很驚訝:開機這麼慢,關機卻這麼快,真是太神奇了!仔細一看才發現,原來那位老師在我站起來的同時就把插頭給拔掉了。「走吧!」她很輕鬆地說。當時我心裡想:「只捐電腦給他們,卻沒有教他們如何使用、如何保養,其實是一種不夠負責任的幫助」。如果電腦是硬體,那麼「教育」就是軟體,缺了哪一樣都是不行的;因此每回有人問我:「為什麼不把機票錢直接拿去捐給他們就好了?」的時候,這個場景總是浮現在我腦海裡。

2008年回到臺灣後,我們繼續協助下一屆的團員計畫他們的服務內容。根據上一年的經驗,我們發現,在臺灣價值2萬5的電腦,在當地要賣到近5萬,連學校都常常要靠捐贈才能得到電腦,一般人基本上是很難負擔得起的。於是我們開始在臺灣募集二手電腦,用海運的方式載到坦尚尼亞的學校,然後從硬體的組裝開始教,然後是基本的文書處理,再來才是網路。先前我提過,2008年是我們團隊第一回到坦尚尼亞服務,教學的對象是小朋友;可是當時我們就不斷思考:「我們走了之後,小朋友還能上電腦課嗎?」我們只能待上一個月,可是學習不能只有一個月

呀。於是2009年,我們和學校溝通後,決定將教學對象換成老師,培訓了種子教師,再讓他們繼續把這個種子深耕下去。

圖二　2008年在坦尚尼亞的小學上電腦課,教室裡的電腦常常當機;不得已只好用小小的筆電上課,學生們一點抱怨也沒有,仍然津津有味。

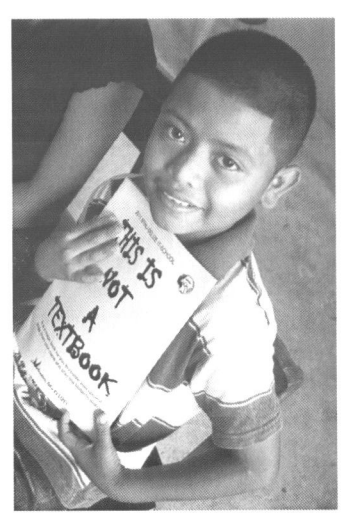

圖三　看著學生把我們用心製作的課本珍惜地捧著,覺得一切的辛苦**都值得了。**

另外，我們也決定捨棄Windows，改用自由軟體的作業系統，我們選擇的是Ubuntu。第一因為它是免費的，第二是電腦中毒的機率大大減少，第三則是它有開放的程式碼，使用者可以根據自身需求來編寫所需的程式。但是這裡想跟大家分享當時一個複雜的心情：當我們在向來上課的老師們推廣使用自由軟體的好處時，有個老師無意間瞥見我們自己帶去的筆電，問我們：「那你們為什麼用Windows呢？」當時其實我們是有點啞口無言的，總不能回答：「因為我能負擔得起版權和掃毒軟體的錢啊！」我們心裡非常明白，我們正在坐享許多資源，用我們一生下來就比較豐厚的資源，去得到了更多。而我們現在在做的事，不過是把他們原本也該得到的東西，「還」回去而已。

　　2009年的團隊回到臺灣後，我看著他們帶回來的照片，看到學校的電腦教室和我08年看的時候完全不一樣了：地上不再堆著因為損壞又不知道怎麼處理的電腦，桌上也都換成我們海運過去的液晶螢幕，整整齊齊地擺著我們編製的課本，牆上還貼了電腦教室的使用規則。我問09年的團員：「為什麼他們要用布把電腦蓋起來啊？」「他們說這是很寶貴的東西，怕沾染灰塵。」那時候我的眼睛好像也進了灰塵，有點霧霧的。原來我們過去的努力都是會留下痕跡的，原來我們做的事情是那麼有意義的、是被深深看重的，覺得自己多麼幸運。那時候我看著一張張照片，看著那個有點熟悉卻又變得陌生的電腦教室，感覺到

一種成長的氛圍,他們的,也有我自己的。我大概是在那一刻,決定2010年要「回去」一趟的。

每年為期一個月的服務計畫裡,我們都會有一週到當地原住民(馬賽族)的學校去。我們會在那裏搭帳篷,每天的用水只夠刷牙洗臉,洗澡就免了。2010年,在離開山上的最後一天,當地的人帶我們去了一個地方,是一個很大很大的洞,大概跟一個操場一樣大。一個當地的朋友說:「因為你們帶來了很棒的禮物,可是我們沒什麼能夠給你們的,只能跟你們分享這個上天賜給我們的禮物,希望你們喜歡。」我心裡的惶恐又湧現了,我們帶給他們的,真的是禮物嗎?

2011年,也就是去年,又參加了清華大學的貝里斯團,這是一個全新的團隊,剛好需要一個過去參與過國際志工的人加入,所以我很幸運地被選上。這個計畫的緣起也很有趣,一個拿到國合會獎學金的貝里斯人來到清大唸書,畢業之後回到貝里斯,擔任一個college的資訊系主任。他和文蔚老師一樣,把學生組織起來,專門到比較偏遠的小學去教電腦、架設無線網路,推廣電腦資訊教育。我打一個比喻:他就像是一個在臺灣吃了好吃的魚的人,回到貝里斯,想把這個美味分享給自己國家的人,他需要更多的魚,可是也就需要更多有捕魚技術的人,於是他和他的母校清華大學聯絡,問他們:「我能邀請清大的學生一起來捕魚嗎?」這個「魚」指的就是「資訊知識」。

數位正義E世代

　　貝里斯是一個什麼樣的國家呢？首先，它是臺灣23個邦交國中的其中一個，位於中美洲，在墨西哥下方，面積約臺灣的三分之二，總人口大約35萬人。如果你在Google上搜尋「Belize」，最先映入眼簾的會是加勒比海的沙灘、比基尼女郎、馬雅文化遺跡或是世界上最大的活珊瑚礁「藍洞」，它是一個很美的國家，是好萊塢明星的度假勝地，李奧納多在那裏還有個私人小島呢。「到那裏當志工？也太爽了吧！」是我當下第一個疑問。

　　貝里斯最主要的經濟收入是觀光與農業，尤其是觀光。這其實是有點危險的，因為自然環境是可能被觀光慢慢消耗掉的，我們都知道一個悲傷的事實：只要有人，就會有破壞。而「資訊」，也許是提升這個國家的經濟一個最不汙染的方式？在參訪駐貝里斯的臺灣技術團時，我們知道這個國家80%以上的政府電子資料庫與網站，都委託臺灣的技術團製作和維護；當地最快的網路速度不到1M，由此可知當地資訊知識及科技的不足。我們也曾經想過：「那就讓他們保持最純樸的生活方式吧，也許這樣的他們才是最快樂的呢？」畢竟他們擁有這麼美的生活環境。在服務的過程中，這樣的聲音常常縈繞在耳邊。

　　有時候熱血，有時候質疑，有時候動搖，有時候堅定，服務的路就這樣一步一步走著。

　　教電腦的時候，我常常想到「地球村」三個字。這三個字看起來很大氣、很海納百川的架勢，也很溫馨，它說

我們都是鄰居，住在同一個村落裡；在這方面「資訊」的貢獻不少，大大縮短了地理上的距離。但有時它又給我們一種假象，讓我們誤以為我們很瞭解某一個地方、某一件事或某一個人，因為我們在電視上、網路上看過聽過，所以我們理當對那裡／那件事／那個人很熟悉，結果常常不然。

我們接收的影像和印象，尤其是關於未開發國家的，其實來自於那些掌有權力與科技的已開發國家，它們總是能替那些相對弱勢的國家／事件／人物發聲，然後主導我們的認知。在電影《王者之聲》裡頭，最令人印象深刻的一幕：喬治六世對著他的治療師大喊：「聽我說！」「憑什麼？」「因為我有聲音！」那一幕讓我聯想到，如果能夠運用資訊，讓這些總是容易被忽略的國家有為自己發聲的力量，是不是可以讓這個地球村更呈現它真實的景象呢？文蔚老師提到的，到偏鄉去教孩子們用數位相機和電腦拍照、寫作，這些看起來像是在「玩」的活動，事實上是一種很重要的方式，告訴孩子：你可以掌握對自己生命還有歷史的詮釋權力。同樣地，坦尚尼亞和貝里斯的人們不應該靠別人來告訴他們，他們生長在哪樣的地方，他們甚至應該自己告訴別人，他們的生活是什麼樣子的，他們的歷史裝載著哪些故事。有一回我在課堂上給學生看一段Youtube上的短片，是類似Discovery拍的草原動物生態紀錄，影片底下有些評論，學生很仔細地看著，然後問我，

■ 數位正義E世代 ■

「這個不是在非洲嗎？為什麼這些句子都是英文的？」我們又再一次感受相對主流社群發聲的強勢力量，也更加希望有一天，這些孩子們能夠自己記錄自己的生活，透過資訊的傳播，告訴全世界他們奔跑在草原上的故事。除了接觸世界，他們也能被世界接觸。

這樣想的時候，我就會充滿熱血地覺得自己做的事是有幫助的。

在貝里斯的時候，有回到了一所很微妙的學校。我們一如往常拿出自己的筆電以及投影機打算進行課程，卻遍尋不著插座，一問之下才知道：這裡根本沒有插座。「因為這個地區沒有電」「怎麼會沒有呢？我剛剛看到來的路上有電線桿呀。」「是的，有電線桿，但是沒有電線。」「怎麼會這樣？這太不可思議了吧！」校長苦笑著說：「也許政府忘記了……」我花了好大的力氣才把原本要說出口的「荒謬」換成「不可思議」，可是我知道我的眉頭還是糾結得緊：「那怎麼辦呢？」這是之前沒有想過的狀況。

後來我們把汽車的電瓶拔下來，那個禮拜就靠著它上課。大夥瞬間都變成小物理學家，認真去計算電瓶的電力和投影機的功率，然後算出這臺投影機將可以撐幾分鐘，跟著再調整課程。在這樣的過程中，我發現我們自己的生命也是很有「ㄖㄣˋ」性的，不只是強韌的「韌」，也是任性的「任」，當時最大的念頭就是：我都來到這裡了，

孩子們都在等著上課，我才不要放棄。「不能放棄」，這是對自己做的事充滿信念的時刻。

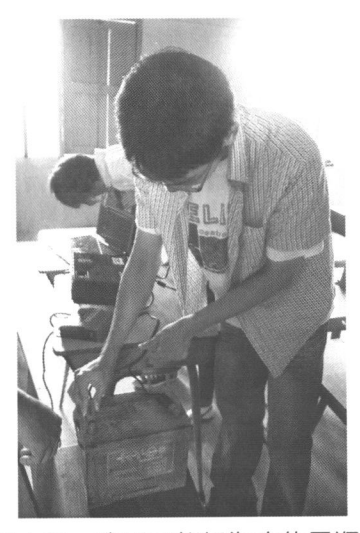

圖四　沒有電的村落小學，我們只能把汽車的電瓶拔下來，才能繼續上課。

　　孩子們通常在上了兩節電腦課後就開始扭來扭去，坐不住了。電腦裡面再怎麼活跳跳的畫面或影片都抓不住他的眼睛，好像外面有一個很活躍的世界在召喚他們似的，不停往外看。我們也很好奇，外面有什麼好玩的呢？有一天我們提早在三點結束課程，孩子們開心地大叫，邀我們一塊兒去「玩」。學生們衝回家拿來了幾個大輪胎，領著我們躺在上頭，在河面上漂來漂去，他們說這叫tubing；也就是我們在臺灣得付錢到八仙樂園去玩的玩意兒。tubing完了之後，學生又不知從哪裡牽來了幾匹馬，我問他們：「這是你的寵物嗎？」他說：「這是我們家的交通

工具（transportation）」。雖然有他們領著馬，我們這些臺灣去的學生們坐在馬上，還是不時發出驚叫聲；剛剛在教室裡頭一條蟲的孩子們個個成了龍，老神在在地一邊笑我們、一邊拉著馬兒往河裡走去，我們的驚叫於是更加呼天搶地了。我們在臺灣總是要花錢得到的娛樂，在這裡就是生活的一部分，孩子們笑得那麼燦爛，陽光又灑在臉上，於是我又猶豫起來：他們真的需要電腦嗎？他們真的需要資訊嗎？如果他們這樣就可以過得那麼快樂，為什麼我要給他們「我」認為「他們」想要或需要的東西？

圖五　陽光從教室外灑進來，可是教室裡的笑容比陽光更燦爛。

這樣想的時候，質疑的聲音又震耳欲聾，不知道該不該停下來。

我曾經和一個馬賽族的男孩聊天，他是那裡難得會講英文的孩子，因為他被當地一個美國神父收養，也供他上學。他是一個很有想法的孩子，大約是臺灣小學六年級的年紀。我們一邊看著遼闊無際的草原，我問他：「你以後想做什麼呢？」他說：「我想當飛行員。」「哇！聽起來好棒，為什麼呢？」

「那我就可以離開這裡了。」

我不由的心一驚，硬是癡癡地說：「可是這裡很好呀，你看，這裡那麼美。」突然我看到了一個最不適合在孩子臉上出現的眼神，那麼冷冽又那麼嚴峻：「如果是妳，妳會想留在這裡嗎？」「我很喜歡這裡，可是我會想家呀。」雖然我這麼回答，好像化解了當下的尷尬，但是我心裡清楚的，如果我知道外面有那樣便利而資源充沛的生活，我絕對不能保證我會想留在這裡。

是的，我的希望就是，有一天，這裡的孩子即使瞭解了外面的世界，看到了生活可以以另一種樣貌進行，可是他們仍然「選擇」這裡，選擇他們的家鄉。他們留在這裡，是出於自由意志的「選擇」，而不是因為無奈，更不是因為無知。我們做的事情，只是展現世界的樣子，告訴他們現在大部分的人正在用這種方式生活著，而不是提供

■ 數位正義 E 世代 ■

他們一個絕對的價值觀：富裕與科技絕對可以帶來幸福。我們已經享受了富裕與科技帶來的益處，同樣也看見了這些進步可能造成的困境，我們應該把經驗分享給他們，無論是好是壞；身為地球村的一份子，他們有權力知道世界的樣貌，並且發聲、參與。

我也渴望讓他們有對世界的參與感，而不要覺得自己是被遺忘的。這個世界像是一個瘋狂旋轉的洗衣機，把一切洗得越來越亮麗整潔，但是快速的腳步讓圈圈外的人們覺得自己是被排除在外的。有一回的課堂上，我們教學生們使用 Google Map，然後試著給他們看我們住在臺灣的哪裡，那是個什麼樣的地方。後來他們也興奮地打上他們的地址（雖然那看起來根本不像地址），但是怎麼找也找不到，學生問我：「他們不知道這裡有人住嗎？」不知道為什麼，那一刻我竟然有羞愧的感覺。

最後，有一張照片是我很喜歡的，就拿來當今天的結尾吧。一天在貝里斯的小學下課後，陪著學生玩竹蜻蜓。照面裡頭趴在地上的小男生，他的竹蜻蜓飛到樹上去卡住了，拿不到又沒得玩，只好躲在臺子下面。正想過去慰問他的我，聽到臺子上的這個男孩問他：「你在幹嘛？趕快來玩啊！」「我沒有竹蜻蜓了。」「那我們一起玩就好啦！」我們在做的事情也就是這樣而已，並不是因為我們比他們厲害，我們的竹蜻蜓比較會飛，而是因為我剛好有個竹蜻蜓，而這個竹蜻蜓剛好沒有卡在樹上。所以我只是

想要跟他分享我有的東西,而他也需要,就這麼簡單。這是目前為止,我在偏鄉的資訊服務這條短短的路上,一些燃起信念、自我衝突以及試圖解釋的心路歷程,和你們分享。

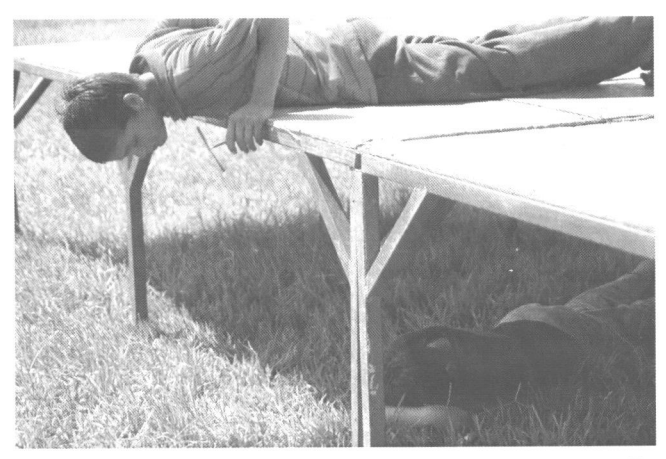

圖六 「你在幹嘛?趕快來玩啊!」「我沒有竹蜻蜓了。」「那我們一起玩就好啦!」在孩子們的世界裡,「分享」從來不是一種知識,而是一種本能。

圖七 最美的不是你飛得有多高,而是你有多想要飛。

■ 數位正義E世代 ◾

偏鄉充滿數位機會

小DOC，大夢想：
在偏鄉實現數位正義

須文蔚

現任國立東華大學華文文學系教授、花蓮縣數位機會中心（DOC）主任、財團法人公共電視基金會董事、行政院青年輔導委員會委員、新台灣人文教基金會執行長。東吳大學法律系比較法學組學士、政大新聞研究所碩士、博士。曾獲國科會89年度甲種研究獎勵、中華民國新詩學會「優秀青年詩人」、創世紀40週年詩創作獎優選獎、86年度「詩運獎」、創世紀45週年詩創作推薦獎、五四獎。著有詩集《旅次》、文學研究《臺灣數位文學論》、《臺灣文學傳播論》，以及多種現代詩選。

■ 數位正義E世代 ■

小DOC，大夢想：
在偏鄉實現數位正義

須文蔚　教授
（國立東華大學華文文學系）

2005年8月我指導的國立東華大學「編輯採訪社」的同學申請教育部「減少數位落差：青年資訊志工團隊計畫」，到水璉國小服務的計畫。水璉雖然是一個海邊的小部落，卻也出了不少阿美族的名人。比方前太巴塱國小的校長李來旺，以及曾經出版檳榔兄弟、邦查娃娃放暑假等音樂專輯的迴谷、同時還有一位最近才拿到原住民第一個人類學博士學位的鄭香妹，他們都出身於水璉部落。

我們充滿創意的想像，大學生去偏鄉不見得只教文書處理軟體或電腦開關機，不妨教小朋友寫作、拍照，而當時部落格開始風行，何不讓每個小朋友都有部落格來記錄生態跟原住民部落的文化與環境？

教務主任張家瑜問我們：「你們會不會每個禮拜都來？」但其實一般資訊志工只要每個寒暑假去辦營隊就好了，我們的團隊真的每個禮拜都去教小朋友。

剛去的時候，國小三年級的小朋友完全不會打字跟在網路上寫文章，可是一開機就黏著線上遊戲，讓人感覺如果沒有完善、長期與耐心的輔導，數位科技進入偏鄉，並

偏鄉充滿數位機會

不會自然提升孩子們的競爭能力，反而會拖垮了小學生的競爭力。

經過一個學期的作文、文書處理、拍照教學後，我們要求學生採訪運動會，他們可以在一個小時內寫三百字的新聞稿，把他們拍到的照片插進文件裡頭，下好標題，列印出圖文都精彩的小海報。感動之餘，不難證實，資訊應用其實是不分地域的，而是在於有沒有給予偏鄉孩子公平的機會。

水璉國小的輔導經驗給了我們很大的信心，當教育部電算中心2007年詢問我們是否願意承接「花蓮縣數位機會中心」（Digital Opportunity Center, DOC）輔導團隊時，我以為可以把「大專資訊志工」的機會轉換到數位機會中心，答應了之後，才發現，太小看了「花蓮縣數位機會中心」的輔導計畫。

花蓮狹長137.5公里，最北的數位機會中心在西寶。西寶在哪裡呢？就是天祥上去八公里的一個小農場。一般遊客看完太魯閣的風景，或許會走蜿蜒的山路到天祥，恐怕很少人會再驅車八公里到西寶。西寶位在海拔915公尺的雲端之上，手機到那裡總是收不到訊號，可以完全與世隔絕。花蓮最南的DOC在富里，我第一次拜訪富里DOC，一時找不到藏在九號線旁的富里鄉，因為從九號線直走過了一座橋後，就發現已經到了臺東池上。所以狹長137.5公里的概念，就是無法一天完全拜訪這十幾個數位機會中心。

■ 數位正義E世代 ■

距離、文化與經濟條件的差異,都讓「花蓮縣數位機會中心」的輔導計畫成為非常艱困的挑戰。

先讓大家認識一下「數位機會中心」是怎麼來的。在數位時代,城市跟鄉村之間的數位落差非常非常的嚴重,我們可以看到研考會在2009年做的調查,我國家戶有84.1%有電腦,這個漂亮的數據,倒過來詮釋會發現,100戶人家其實就有16戶家中沒有電腦,這樣就比想像中的多了。那我們再以收入狀況來比較,月收入不到17,280元的家庭,擁有電腦的比率只有27.3%,如果是月收入2萬到3萬有電腦的比率是72.3%。另外一個造成數位落差的因素是地理位置,居住在偏遠地區者,就越沒有機會上網跟使用電腦。如果用族群來看的話原住民是低很多的,行業來看的話,農林漁牧業往往也是數位能力的弱勢。可見臺灣的數位落差遠比想像中的嚴重,而且對家裡沒有電腦的孩子來說,他未來的競爭力會比過去更嚴峻,以前鄉下孩子只要把書好好讀,就可以跟都市孩子競爭,可是到了資訊時代他可能從起跑點上,因為缺乏尋找資訊、語言學習以及資訊素養能力,學習成績開始落後。

數位落差是世界各國政府在推動資訊化過程中都無法避免衍生,而且重視的資訊科技發展問題,臺灣也不例外。我國自2002年通過「國家資訊通信發展方案」(2002～2006年),陸續推動數位臺灣(e-Taiwan)與行動臺灣(M-Taiwan)等計畫。行政院於2007年3月通過「國家資

通訊發展方案」（2007～2011年），以「發展優質網路社會（Ubiquitous Network Society, UNS）」為主軸，自2008年起推動發展優質網路社會（U-Taiwan），進一步將「創造公平數位機會」納為重點工作項目。行政院國家資訊通信發展推動小組（National Information and Communication Initiative, NICI）自2004年12月設立「數位機會組」，主責單位為科技顧問組。於2007年3月改由教育部主責，負責召集相關部會，推動縮減數位落差，創造公平的數位機會，並宣示政府以建設智慧臺灣為目標，將持續推動創造數位機會。

2008年底，政府秉持「區域均衡發展」、「打造城鄉新風貌」、以及「重視永續發展」等基本理念，將強化無線寬頻建設，透過「無線高速公路」的建構，使所有偏遠地區均享有與城市相同之寬頻服務，並針對弱勢族群及偏遠地區的民眾，加強資通訊科技教育及學習，強化偏鄉數位機會中心的永續經營，以縮減城鄉、弱勢的數位落差，創造公平、永續的數位機會，達成建設「智慧臺灣」的目標，更具體落實了創造公平數位機會的政策目標。

截至2009年底，我國已在140個偏鄉建置168個數位機會中心，並於全國成立56個原住民部落圖書資訊站。另結合民間資源，共獲得電腦軟、硬體、書籍與廣播系統等市值約4.5億元的捐贈，分別配置於各數位機會中心、重建區低收入戶與原住民學校，帶動社區e化，為我國創造數

位機會的推動工作奠下穩健的基礎。聯合國國際電信聯盟（International Telegraph Union, ITU）公布的「2007年世界資訊社會報告」中，將我國「數位機會」表現評比為全球第7，也顯示國際對我國推動數位機會的肯定。

我們要在花蓮推動數位機會中心輔導的工作，最複雜的層面就是需要經常和社區發展協會或小學溝通，推動教育、文化、經濟和社會面的各項活動。傳統上，數位機會中心的業務由教育部電算中心主管，而大家可以理解電算中心熟悉的都是各個學校的電算中心或資工系的老師，或許理工科系的教授比較不願意花時間走進社區，學人文、社會科學的我，本來就對田野充滿嚮往，也就不覺得苦。花蓮有非常非常多不同的社區，而這些社區都有不同的夢想和不同的理念，他們社區總體營造的成績都卓然有成。從一開始我就不斷提醒同仁，社區輔導並不是去教導民眾，反而是向社區民眾來學習，然後發現改變社區文化或是協助他們顛覆一些主流偏見，然後實現夢想。

在五年來的輔導過程中，我總覺得不要用固定的一套方法，不要讓花蓮的每個DOC都做同樣一件事情，而是讓社區用自己的想像，先告訴我們在地的希望與計畫，我們再以創意思考可以協助他們做什麼。所以是以各社區為主體，用他們的社區或生命經驗喚起熱情進行文化、社會或農業銷售的改革，運用數位科技達到目標。這是我們輔導DOC的想像，並不是要進行巨大的社會革命，而是激發社

偏鄉充滿數位機會

區熱情從身邊從事小革命。

DOC是什麼？DOC可以是一間電腦教室，但如果只是這樣的話，小朋友一進來就會開始玩電腦，小朋友可能還沒學會電腦就網路成癮了。所以我們認為DOC也應當同時是一間小的圖書館，所以我們就跟誠品文教基金會的「閱讀分享計畫」合作，跟他們募書放在DOC裡面，所以小朋友來這邊，要先讀書、寫心得、寫作業以後，才能玩電腦。

DOC有很多可能：農特產的個性商店、凝聚社區民眾情感的地方、讓老人在這裡編織夢想，最重要的就是，因為臺灣每個農村的年輕人都出走，社區開始老化，有沒有可能因為DOC的產生創造了工作機會，讓年輕人有機會可以回過頭來為家鄉做一點服務？

你也會發現，其實社區給我們的希望比想像中更多、更沈重，而對我們來說每個DOC都要找到自己的核心價值與追求的目標。我們會不斷的問自己這件事情，就像經營公司或是非營利組織，到底想要做什麼？這經常是一個取捨的問題，有的DOC可以發展很高質感的服務，例如花蓮市DOC位於碧雲莊，他們可以用影像編輯軟體來協助一位玉石家，數位典藏玉石收藏。有些玉石的剖面的感覺像莫內的畫風，有些玉石則有水墨風格，正因為花蓮市DOC的幫忙，玉石家的收藏最後有機會到法國去展覽，可見偏鄉因為數位科技的協助，提供高質感的服務，距離巴黎其實不遠。

■ 數位正義E世代 ■

　　我們也曾為非常昂貴的、精緻的樂器，製作過公益的宣傳紀錄短片。我們在西寶DOC服務時，也曾到洛韶，拜訪非常奇特的洞簫達人——陳光。陳光隱居中橫深山十餘年，自己種植竹子，手工製造洞簫，國際知名的洞簫大師譚寶碩都曾慕名而來。陳光的故事告訴我們，在數位時代，珍貴與有特色的文創商品是不會教人埋沒的，花蓮深山的洞簫一樣可以銷售到香港或大陸的民族樂團。

　　我們在花蓮輔導的過程中，以創意進行了非常多有意義與有趣的事情，可以分四個層面來思索；一是教育：數位學習，提升老人家或孩子的資訊素養；二是經濟：以電子商務的力量，提升在地特色產業的行銷能力；三是社會服務：推廣E政府服務與各項社會服務，大家想到E政府可能覺得只是幫政府做政令宣導，但其實有更多有意義的工作，像是網路ATM，這對我們臺北人可能覺得沒什麼，但在深山的DOC裡，民眾學習網路ATM後，可以大幅改善生活的品質，他們以前要幫小孩子繳學費常常要請半天的假，因為下山要一個半小時的路程，回程也要一個半小時，受益DOC的服務與協助，民眾就方便多了。四是文化：利用數位科技協助文史紀錄、數位典藏，我們協助編輯社區地圖、電子書與網站，也製作廣播節目，讓花蓮的美好可以無遠弗屆傳播。

　　我們會開發很多很有趣的課程，其實我們就像一個中央廚房，如果這個社區想要知道民宿怎麼經營，我們就會

請觀光、旅遊、管理、資訊專長的老師來開課。根據我們的觀察，一旦學電腦是有目標的，民眾學電腦就會變得非常的快，成效也非常好。我們開過網路行銷、剪輯、廣播的課程，用這樣的方式我們就會發現有很多的可能。

在新城的北埔國小有間電腦教室，剛開始要靠學校老師課餘經營，也讓老師們有些苦不堪言，數度在學校的會議中，有人提出質疑。所幸黃木蘭校長很堅持，她希望數位機會中心設立後，讓孩子喜歡來上學，也讓家長和孩子一起成長。黃校長靠她的親和力讓學校志工人數不斷攀升，目前已有75位志工，投身在校園導護、清潔與課輔等工作，但是讓校長最煩惱的是：「誰有專業幫忙管理電腦教室？」就在這個時候，陳恆鳴來報到了。陳恆鳴頂著國立清華大學資訊工程學系的亮麗學歷，沒有隨著當代的淘金族，遠赴西部的工業園區，當個科技新貴。他選擇蝸居在故鄉，每天只上半天的班，夕陽西下，他的小型安親班才開張，指導五到七位中學生寫作業與應付考試。就這樣，他有一份穩定的收入，白天就投身偏鄉的數位落差教育工作。小鳴老師出現後，新城DOC就有了專業的師資，從基礎的文書處理、繪圖軟體到網路電話，他都能教，而且他還寫軟體使用的指引，公告在網站上，讓民眾在下課後，依然能夠無師自通，克服學新軟體的恐懼。很快的，小鳴老師不僅僅在新城教學，他也受邀到花蓮各地去講課，他覺得，能從電腦的使用者，變成教學者，乃至

■ 數位正義E世代 ■

於推廣者，三種角色的轉變，都讓生活中充滿著樂趣與挑戰。最近小鳴回到大學當研究生，縱使課業忙碌，他還是記掛著要抽兩天的時間，在DOC裡服務。義大利有句俗諺：「錢可以買你所要的物品，但買不到人們對你衷心的尊敬。」用來詮釋小鳴老師在北埔國小那麼受歡迎，實在很貼切。他沒有為金錢所奴役，走一條和絕大多數資工系畢業生不一樣的路，悠遊在充滿意義、熱情與創造力生活中。有天昨天我問他：「那麼忙，你還繼續開班授徒？」他笑了笑說：「我總要收到七十二門徒，才能停下來！」

圖一　陳恒鳴（小鳴老師）在北埔國小帶閱讀與網路活動

我們也在思考說怎麼提升遠距離就業的可能，所以我們會在DOC做很多的創意，各位可以知道我們的電腦教室可以變成是一種動態的就業服務站。我們和104人力銀行合作，把花蓮相關的工作機會，製作成動態的看板，放在每一臺電腦的桌面上，只要民眾來使用我們的電腦，就可以

第一時間看到就業、打工的資訊,這讓數位提供遠距就業服務的能力提升,也開啟了社會服務的潛能。

像是富源社區是花蓮第一個從事社區總體營造的社區,而裡面有很多貧窮的農民,完全沒有任何休閒的活動,林興華理事長就說:「阿嬤可不可以來學畫畫?」這些阿嬤就放下鋤頭去學畫畫,剛開始阿嬤很不適應,有人抱怨:「畫筆比鋤頭都還重,很難學!」不過在林老師悉心的教導下,這批有藝術天分的老人家,在高齡80多歲的「班長」陳鳳妹督促下,不但能用畫筆記錄農村生活的點點滴滴,更進一步用蠟染、植物染、拼布還有陶板等多元媒材,悉心把時光中體驗過的喜怒哀樂,用色彩收納起來。

圖二　富源(瑞穗DOC)的繪畫阿嬤

■ 數位正義E世代 ■

　　五年前，我有機會協助富源社區設置電腦教室，在高齡化的社區裡，舉目望去，多是白髮蒼蒼的老人，要不然就是隔代教養的小朋友，究竟有誰會走進建構在農會超商樓上的數位機會中心？其實我心裡總有著相當的懷疑。不到半年，富源數位機會中心傳來的學習成果就讓人耳目一新，愛畫畫的老人家居然能用最簡單的繪圖軟體「小畫家」，用很不聽話、經常亂跑的滑鼠，把富源溪畔常見的蝴蝶，用豐富的色彩點畫出來。76歲的月琴阿媽雖然膝蓋不好，一有空閒，總是顫顫巍巍爬著樓梯，上銀髮族電腦班，從不缺課。和她一樣全勤的老人家，有十幾位，只是每次要下樓時，鈣化嚴重的膝蓋就會作怪，不少人只好「倒退嚕」，手抓緊扶手，倒退著身體，一階一階踩著回到平地。看在年輕一輩的眼中，又敬佩、又不捨，所以數位機會中心的駐點人員周玉梅就一直奔走尋覓場地，想要把電腦教室搬遷到平房中，這個願望終於在2010年達成。

　　我們也幫忙做很多產業行銷，我們跟很多飯店合作，他們提供空間給我們販售地方特色商品，而且花蓮在地產業也成為飯店的一種特色。不僅如此，我們更致力於將在地的農特產以網路推廣到全國各地。在鳳林有一位57歲的鍾景華先生，雖然經常在電視上看到電子行銷的新聞或成功案例，但總覺得遙不可及。

在鳳林數位機會中心彭曉萍小姐的遊說下，鍾景華報名了「電子商務班」，和一群地方民宿、微型產業的負責人一起，戴著老花眼鏡，重新當學生，走進電腦的世界。

圖三　鳳林鎮南平老人會──行動DOC推廣

鳳林數位機會中心的劉欽正老師，在電子商務的課程裡，從基礎觀念入手，教學員認識電子商務的定義、特性、範圍與發展。同時，劉欽正也相當務實，他深知這些小店家主人不可能負擔龐大的經費，打造具有金流與物流的電子交易平臺，如果能利用網路上的免費資源，學會架設部落格，推銷自己的商品，說出自己的故事，其實往往能夠小兵立大功。於是劉欽正就帶著鍾景華這一班學生，用動機導向的方式，從開機、輸入法、文書處理與簡單的影像處理開始，像蓋磚牆一樣，結結實實地讓大夥架設起部落格。鍾景華年輕的時候就喜歡攝影，所以他在短短幾

■ 數位正義E世代 ■

個月內學會了部落格的架設後，立刻就成立了圖文並茂的部落格，不但把傳統工法「大揭密」，更公開各式客家佳餚與小菜的食譜。當讀者食指大動時，滑鼠游標點一下訂購單，利用冷凍宅配的貨到付款模式，在臺灣各個角落，都能品嘗到百分之百純花蓮的鍾家味道。年過半百的老闆，能夠電腦一學就上手的故事，鼓舞了不少花蓮的社區民眾，也透過網路打響了自家產品的名號。去年舊曆年前，鍾景華從電視新聞上得知，總統府透過教育部數位機會中心，網購了偏鄉地區11家20項的農特產品，當作馬總統過年期間拜訪長輩的伴手禮，其中就有鍾家的產品。一時之間，親友的道賀電話不斷，讓鍾景華認識到網路不但無遠弗屆，還能「上達天聽」。

我們進行了過很多文史的紀錄，像是畫地圖告訴民眾這裡有好的食物、好的民宿等等的，我們也做了很多出版品，像是泰雅族的族語繪本、布農族的八部合音跟童謠。我們也和花蓮教育廣播電臺的主播黃凱昕合作，教導社區民眾和國立東華大學的志工，利用便利的數位錄音設備，例如：手機、錄音筆、隨身聽或是筆記型電腦，記錄社區大小事。黃凱昕提出了一個饒富趣味的「部落繁星計畫」，希望深處偏鄉的社區都有電臺的特派員，把部落裡的意見與想法藉由網路與廣播傳播給全世界。這個計畫感染了公共電視的製作團隊加入，由製作人王瓊文帶領了知名的紀錄片導演楊力洲、林育賢、林文龍等人，教孩子用

手機拍攝短片,記錄花蓮的生態資源和重要的環保議題。王瓊文說,孩子們在三天的營隊中,從企劃、構思、拍攝到後製,一氣呵成,有的小朋友愛演戲、有的勇敢地去採訪備受爭議的工廠、有的走上街頭宣導不燒金紙,都展現出小導演的架勢,數位工具啟蒙了這些偏鄉孩子,下一個楊德昌或是侯孝賢,有可能就從縱谷走向世界影壇。

圖四 卓溪布農族小米祭──DOC提供相機教小朋友拍照

我們從人文與社會的角度普及數位落差,實現數位正義,有別於傳統理工科系的規劃,是很特別的角度。雖然每個DOC都很貧窮、很小,但我覺得他們的夢想都很大,有機會陪伴與協助這些夢想茁壯與成長,人生真是充實無比。

■ 數位正義E世代 ◾

E世代新觀點

◎ 持續強化「 位機會中心」功能，提供偏鄉民眾數位應用環境與學習資源。建 跨部會推動機制、推動民間團體 與協助偏鄉數位教育的發展，由教育部綜 各項協調政府單位與民間系統之資源整合與分工，如：經濟部、農委會結合運用建 優質農家商務體系，推動地方特產等。

◎ 落實讓高中以上學生透過一個帳號可以漫遊全國校園，消弭知識取得障礙，降低弱勢學生連網的負擔。

◎ 利用遠距教學技術，結合志願服務學習的大學生。培養大學生以所學之專長，擔任偏鄉或新住民之中小學生學科及生活輔導老師，強化弱勢學童的學習成就。

◎ 推動大專校院的「資訊志工」，持續協助推動偏鄉 位機會中心教育、文化、經濟、社會等重要工作。持續推動各項國際志工的徵選，結合企業、學校等，將此形成「有物資捐物資，有力出力」。

原住民在網路上衝出一片天

衝出原住民網路世界的一片天

林志興

　　族名Agilasay Pakawyan，民國47年（1958年）生，臺東人，父親是臺東南王部落卑南族人，母親是阿美族人，妻子為屏東排灣族。2012年獲得國立臺灣大學人類學系博士學位，目前任職於國立臺灣史前文化博物館副研究員，兼任南科分館籌備處主任，致力於臺灣原住民文化保護，為第一位原住民從事博物館專業研究者。

■ 數位正義E世代 ◾

衝出原住民網路世界的一片天

林志興　副研究員
（國立臺灣史前文化博物館）

　　數位與網路已成為現代生活不可或缺的一環，從工作到休閒，從群眾到獨處，從都會中心到曠野，數位無所不在，現在真可以說是「數位時代」。即使是遠在偏鄉的原住民生活也深受網路與數位化生活的影響。每一次筆者回到位在屏東泰武山區的岳家，筆者就會感嘆網路的影響力無遠弗屆，因為我那只受過日式小學教育的岳父與岳母所開的小雜貨鋪，店角居然也設置有小小的「網咖」，供少年人付費遊樂。而抬頭看看小小卅餘戶人家的部落，多戶人家裝有俗稱小耳朵的無線電視頻道設施，看起來小小寂寞的山村，早已籠罩在數位生活的大浪潮中了。依據維基百科對「數位產業內容」（如下引）的界定[1]，我們更可以瞭解，此一科技生活大潮對當代生活的多面相影響。

　　數位內容產業（Digital Content Industry）是指運用資訊科技來製作數位化產品或服務的產業，一般可分為八大領域：

1. 數位遊戲：以資訊硬體平臺提供聲光娛樂給予一般消費大眾。例如家用遊戲軟體、個人電腦遊戲軟體、掌上型遊戲軟體或大型遊戲軟體。

2. 電腦動畫：以運用電腦產生製作的連續影像，廣泛應用於娛樂或其他工商業用途。
3. 數位學習：以電腦等終端設備為輔助工具進行線上或離線之學習活動。例如數位學習內容製作、工具軟體、建置服務、學習課程服務。
4. 數位影音應用：以運用數位化拍攝、傳送、播放之數位影音內容。例如傳統影音數位化或數位影音創新應用。
5. 行動內容：以運用行動通訊網路提供數據內容及服務。例如手機簡訊、導航或地理資訊等行動數據服務。
6. 網路服務：以提供網路內容、連線、儲存、傳送、播放之服務。例如網路內容（ICP）、應用服務（ASP）、連線服務（ISP）、網路儲存（IDC）。
7. 內容軟體：以提供數位內容應用服務所需之軟體工具及平臺。例如內容工具、平臺軟體、內容應用軟體、內容專業服務。
8. 數位出版典藏：例如數位出版、電子書、數位典藏及新聞、數據、圖像等電子資料庫。

以筆者的經驗，前述條列的產業項目內容，早已經由直接或間接的途徑對部落產生深遠的影響。不過，即使如此，許多的研究報告依然顯示，臺灣原住民與大社會之間

存有「數位落差」現象。此一現象係指「因性別、種族、階級或居住地理區域等社經背景的不同，造成了接觸資訊與通訊科技的機會不同，使得臺灣資訊社會產生了不平等現象，此即所謂的『數位落差』（digital divide）」[2]。由前述引文，可以瞭解造成臺灣原住民數位落差現象的原因，有地理、歷史文化及社會經濟等複合因素。

　　2003年到2006年間，筆者因工作之故（任職位在臺東的國立臺灣史前文化博物館），有機會獲得教育部的補助，建置「臺灣原住民數位博物館」的任務，規劃之時，所接觸到的各種研究報告即已指出原住民社會存在著明顯的數位落差現象，而筆者所承接建置的「臺灣原住民數位博物館」，其任務之一即是改善此一現象。經過數年後，本以為這些年來政府的許多投資與建設，應該改善了此一現象，但新的報告顯示，原住民數位落差的現象依然存在。依據行政院研究發展考核委員會委託聯合行銷研究股份有限公司2009年發佈之《九十八年原住民數位落差調查報告（九十八年十一月）》調查顯示：

> 原住民雖然是數位落差中相對嚴的群體，資訊使用情形都明顯落後全臺12歲以上民眾，不過，若從原住民族的內部發展趨勢來看，與95年調查結果相比可以發現，原住民無論在電腦、網路近用程度或數位資訊能力等資訊近用情形多較三年前提升，數位

落差情況已有明顯改善。

從資訊近用來看,原住民曾經使用電腦的比率由95年的62.7%增加到98年的65.7%,曾使用網路的比率也由55.4%上升至58.8%,平均每天上網時間也多了18分鐘。

資訊素養方面,原住民具備電子郵件以發能力的比率,也較95年上升了4.6個百分點。

在資訊應用部分,除了「特定資訊搜尋」信心較95年略降0.7個百分點,變動在誤差範圍內以外,各項資訊應用指標使用率均較95年上升。

其中,原住民曾透過網絡購物比率由35.7%上升到58.4%,成長22.7個百分點。至於「線上傳呼」、「線上金融」、「線上查詢政府公告資訊或政策」等應用,也都增加了5個百分點以上。

此外,原住民在「網路休閒活動」、「網路電話」、「英文網頁閱讀能力」及「政府網站知名度」,也都比95年增加3.3-4.0個百分點。

　　筆者相信,從原住民社會內部今昔比較來看,落差現象是有進步,只是相對於整體社會發展的腳步而言,原住民確實仍處於相對落後的景況。何以致此,其實仍可歸因於受造成原住民居於弱勢的社會結構性因素。例如深受地理距離障礙與劣勢社經地位的牽絆。前述兩大原因促使臺

灣原住民「數位近用」（接近數位利用的機會）與「數位能力」（使用數位設施的知識與能力）相對落後。其實，距離、經濟條件、數位近用機會與數位能力之間環環相扣，息息相關。

不過，有一個對原住民而言更形重要的問題，筆者未見於研考會98年的調查報告內容中，那就是相關原住民的數位內容，以及主體建構情形的描述。其實此一忽略，正顯示無遠弗屆的網路力量影響下，數位世界中的訊息之流呈現了向原住民單面灌注的景象。以原住民社會內外兩個世界來區分，在主體性維護與發展事務上，外部影響力始終大於內部。研考會98年的調查報告即顯示，只注意外部現代生活應用面相的缺憾，忽略認識與瞭解原住民內部在數位與網路應用時，原住民主體性建構或流失的現象，致使筆者僅能以實際生活經驗之體認，摸索描述此一現象。

我們知道網路科技革命引發了全球化現象，但是就如同Nokia的一句著名的廣告詞「科技始終來自於人性」，我相信這一句應該可以進一步引申為「科技始終離不開社會文化」，所以我們才看到網路愈發達，數位產業反而出現了許多與全球化相逆的「在地化」現象。但是能產生在地化回應力量的地方，通常是具有足夠市場規模的區域，方能吸引資金與技術願意到位投資生產。受語言及社會文化興趣的界限（或「障礙」）影響，在網路世界裡，我們看到某些有力的文化領域各自形成自我發展的空間。然而，

原住民在網路上衝出一片天

此類空間往往被具有足夠人口的市場及國家力量所促生。相對於具有自主力量發展的國家社會而言，淪為國家少數的原住民是否有為自己衝出一片天的能量？我們似乎無法由前述研考會的調查報告之中，看到原住民語言文化的天空。原住民的網路使用者，多藉助其他語言溝通，反而顯現國家更強大的牽引力量，新一波同化之力，正瀰漫在原住民社會生活裡。

藉由網路，原住民同胞的確獲得了現代生活帶來的許多便利，但是以往的經驗顯示，愈方便接近當代生活，原住民愈失去自我主體發展的力量。數位與網路世界呢？作為最新暢通的網路大道，原住民社會是否能守住自己的社會界域與文化存有？我們如何檢視這個問題，筆者認為有三個指標可做為觀察的切入點。其一、相關原住民主題之數位產業生產與建置情形，其二、網路社群的形成與建立情形，其三、網路語言文字使用情形等來衡量網路世界中的原住民天空（空間）是變寬？還是變窄？

就數位產業生產與建置情形來觀察，這些年來，有鑒於大家逐漸認識到原住民文化的特殊性及多樣性的保存意義，在國家型數位典藏計畫帶動下，進入2000年以後，無論是公部門或私部門，都有許多機構和單位投入為原住民數位化的努力，而其生產的資料也在「為民服務」的精神下，漸次透過網路開放一般民眾檢閱。繽紛多樣的網路世界中它們各以主題網頁、數位典藏，或數位博物館等之

名面世。當然,鑒於著作權法規定,或數位化資源經費不足,有更多的資料仍未公諸於世,但相較過去而言,要上網找到原住民一般性資料,已不算難事。然而,就網路近用與能用兩個層面來看,原住民同胞在利用這些資源時,相信仍較一般大社會的平均值為低,即使具有接近數位與網路的能力,所能使用的語文系統,也多以他語為主。換句話說,開放給一般大眾的原住民資料,以服務一般國民為主,缺乏考量對原住民同胞的特殊性與針對性,因此可能產生一般大眾比原住民同胞利用便利的現象。我甚至會擔心,原住民失根的下一代,或許不一定比一般社會的孩子來得更有機會認識自己的族群。

其次,就網路社群的形成與建立情形來說,以筆者日常接觸的網路世界來看,原住民同胞其實已漸知並漸能利用普遍存在的各種網路社群建置工具,來建立自己的網路人際網絡,也因此在傳統一點的BBS、e-mail以及現今大夯的「非死不可」和「推特」等處,都可以看到有關原住民新社群的出現。筆者推動臺灣原住民博物館時,與阿美族籍的老師法拉漢合作設置了原住民社群網站,或許物以類聚,性情相近,頗受歡迎,互動也多,特別是阿美族籍的人士利用較多。以筆者有限的觀察發現,在Facebook上,原住民也喜歡找原住民,並形成共同話題與興趣。由此而觀,科技的確提供了一個方便的平臺,讓趣味相投的人容易相會。不過,我注意到,雖然原住民社群漸增,一同生

原住民在網路上衝出一片天

成許多原住民的話題和議題。可是，頗為遺憾，我還未看到使用原住民語文為媒介書寫交通的社群。在語言學習領域上，只找到了政大原住民族研究中心有原住民語的教學資源網站。網路正如實際生活中的道路一般，傳播輸入外來知識與事務的影響遠大於原住民主體性系統的建置與發展。在原住民社會文化復振大業中，數位學習領域亦是常被期待的重要功能。但我們可輕易地搜尋到英、日、韓、德、法、西等國語言的學習網頁，但是卻很不容易找到原住民的學習天地。所以，嚴謹來說，網絡世界裡尚無「真正的」的原住民社群。

　　是網路的問題嗎？其實它是更大社會問題的顯影。在信仰資本主義為主的商業時代裡，一切似皆受到市場、資金規模的影響，並連帶影響人才培育、環境建置與學習機會的投資建置。面對似為結構性的限制因素，原住民到底有沒有機會藉由網路世界，重新找到立足存續的空間？但願有，或許我們不必過度聚焦於外部因素，以免於自我限制而忽略文化發展的內在能量。有一個故事正好顯示，人的意願與意志也十分重要。有強烈的使命感，數位、網路就可以成為服務他們的工具，雖然資源少，技術多艱，障礙待克，不過，人的意志力可以化艱難為自我發展的機會。

　　我有一位叔叔，名叫林豪勳（家名—沙鷗），在藝文界有另個響亮的綽號，叫「啄木鳥人」，他在26歲之際

數位正義E世代

（1980年）因為一場意外而全身癱瘓，他曾為此消沉過，也想結束自己的生命，但是癱瘓的他連怎麼結束的力量都沒有，日子就在躺著的床上消逝。但是在1990年代以後，因為有人送他一部電腦，使他的生命頓時生出無限希望，他居然為了學會使用電腦，拼命地練習以唯一能動的嘴和頭的力量，銜起筷子一鍵鍵地敲打起鍵盤，熟練後就像一隻琢木的琢木鳥，叩叩叩地敲出文字，敲出電腦合成音樂。而只有高職學歷的他，靠自學的日文和英文，上網和全世界的朋友聯絡。他找到了一條通向世界的路，打開了被封閉的生命。他不僅和世界聯絡，他更成為文化的保護者，利用他可以操作的能量，他開始進行數位化的工作，建立卑南族語字典，建立自己村莊各家的系譜，他更在家人陪伴輔助下，周遊太平洋島嶼，最後過度勞累，在2006年因病逝世，享年57。但他借由電腦重現了他的生命希望，更藉由數位化和網路的力量，發揮了微弱但意義重大的文化工程，成為可資學習的典範。他享年不長，但比許多芸芸眾生，活得更有光澤。

原住民在網路上衝出一片天

圖一　林豪勳運用筷子敲打鍵盤，使用電腦。林志興提供

　　從上述的故事裡，我們得到一個啟發。那就是網路可不可能成為被聯合國評為瀕臨絕滅語言與文化的原住民，新希望所在？怎麼樣才可能？從前文的回顧裡，我們看到，雖有以原住民語言文化內容為主的數位內容的建置，但是不夠（量不夠，便利性不夠），特別是所提供的語言學習資源不足，不足以形成支撐保存與學習的力量。從原住民數位社群來看，社群有增多的趨勢，看來有些希望，但原住民語言在新科技環境裡，脫離了生活，並被其他語言所替代了，成為只存認同卻流失文化的「虛質社群」。這裡需要原住民自身的覺醒實踐和帶領提倡。而筆者思索有沒有可能以公部門的力量與資源，規劃設計創建以網路帶動以族語互動學習的網路社群（參與者可以不全限於原住民），利用各方面的力量來保存原住民文化語言的薪火。

數位正義E世代

我們常說「路是人走出來的」，但是反顧歷史，對原住民而言「路常是被人家開出來的」。從清代開山撫番之路起，臺灣開出來的公路、鐵路、產業道路、無線通訊之路，網路等，向例都是以都市為中心建置而成，不斷吸引原住民出山並產生質變。而通往原住民之路在哪裡呢？怎麼建設？以筆者自身為例，早年因父親工作之故，調動頻繁而周遊各族聚落之間，離開自身部落成了失語的一代，成年以後才回到自己的部落，幾度發奮圖強學習族群，但時不我予，始終未能成功。細審其因，除了我處的社會沒有鼓勵我學習族語的外在環境（學校、課程、教材、師資等）之外，缺乏學習動機與動能更有關係。身為卑南人，不能使用族語，若是個人境遇也就獨自感傷就罷了，但它是集體現象，我們正經歷自身語言朝向瀕臨死亡的過程，實在心有不甘。面對黃昏之際，文化傳承、語言保存如何結合科技力量重生，再一次成為沉思的主題。我不禁想像如何在網路、電腦、手機、簡訊等數位通訊世界裡播下原住民文化與社群的種子，耕耘出一個新的世界來，借助新科技之力，讓原住民語言文化要素重返新注入當代生活的行列之中。凡有覺悟者應即時在生活中著根實踐，對我而言它雖然這只是個仍然是實驗性的想法，仍盼望希望，能讓更多親友同胞們能在數位與網路的世界裡，一同提倡與實踐，打開一條活路，重現原住民生活的主體性，使網路能反過來成為原住民社群、文化語言存續發展的好工具、

途徑，讓它為原住民的明天衝出一片天。我懇盼政府政策也能適時到位協助，加強原住民數位內容產業的投注，系統的整合，服務功能的提昇，創造近用與能用的條件，使網路不僅成為原住民通往世界之路，也是通往原住民未來的大道，形成一條永續循環相生的發展力量。

註釋

[1] 引自維基百科〈數位內容產業（Digital Content Industry）〉，2012年5月16日，http://zh.wikipedia.org/wiki/。

[2] 引自Lemon Wiki網頁之（Digital divide）詞條，2012年5月18日，http://wiki.planetoid.info/index.php/Digital_divide。

■ 數位正義E世代 ■

原住民在網路上衝出一片天

山風與海的祝福

陳哲妮

　　東海大學中國文學系畢，長期服務於明基友達集團，現為財團法人明基友達文教基金會執行長，曾任明基電通股份有限公司董事長室執行秘書、中華民國電影事業發展基金會董事、臺灣文學發展基金會董事。

　　明基友達基金會是國內科技業投入社會服務、原創文化、親善大地的先驅，《BenQ真善美獎》、《BenQ華文世界電影小說獎》也是首創圖文並陳數位創作、電影小說書寫的徵文類型；2009年莫拉克風災，第一時間捐款億元，認養臺東嘉蘭國小、屏東泰武國小重建工程，是企業回饋臺灣社會的深刻心意。

■ 數位正義E世代 ■

山風與海的祝福

陳哲妮　執行長
（財團法人明基友達文教基金會）

　　如何以數位力量，讓一個人的生活過得更好，或是，對未來有美好的期待，這是我對實現「數位正義」的想像。沿著明基友達基金會的數位行腳，新竹的馬里光，從臺東的嘉蘭，翻越大武山到屏東的泰武，分享我們在部落停留的故事，也再度反思，我們可以為原住民部落做些什麼？

雲端編織夢想　馬里光五月桃

　　明基友達基金會「竹苗地區數位機會中心輔導計劃」，推動偏鄉教育、文化、經濟和社會面的各項活動。新竹縣尖石鄉的馬里光部落，五月桃，是最重要的經濟來源，在充沛的陽光、水源滋養下，部落媽媽們以安全農法栽種五月桃，一百年的春天，部落媽媽們已經學會了架設部落格行銷五月桃，不再像前二年藉由電話和傳真的人工作業，她們整合運用了免費的Google平臺，可以直接上線處理客戶訂單，這個訂單系統是自主的行銷平臺，同時，我們也為部落拍攝了3支宣傳短片《花開的盼望》、《編織夢想》、《山林裡的e行銷》，順利的採收和出貨，不到三

個星期，五月桃就賣光了。

我們教導部落學員架設網路行銷平臺，藉由一系列整體的行銷策略，在網路上分享山林裡的甜美果實，讓部落媽媽們體驗數位無遠弗屆的力量。藉由數位工具讓消費者看到了馬里光五月桃，看見部落裡有一群媽媽像照顧孩子一般，辛苦的呵護每一顆桃子，而感動於這份蘊藏慈愛的用心。香甜的五月桃得到了更多的認同，讓這群辛勤的五月桃媽媽對自己的桃子有了更多的信心，而馬里光部落也深刻的展現他們努力自主學習、守護泰雅山林與土地的情感。

部落在雲端，雲端造市集，透過網際網路，雖然看不見電腦另一端人們的樣子，但是人情的溫暖充滿與流竄在指尖的點選與交錯的線路之間，五月桃媽媽們感謝來自電腦另一端每一位朋友的支持與鼓勵，讓她們對自己的努力與未來更有信心，也發願要種出更多、更大、更好吃的五月桃，作為感恩的回報，期望這些支持能夠一年一年的持續下去，而五月桃的銷售額也將提撥10%回饋金，作為「部落人文關懷基金」，除了提供部落青年學子獎學金，也成為支持部落關懷的經費。

小小的夢想能改變世界，帶來明天的盼望，這群可愛的五月桃媽媽，藉由現代數位科技，改變了自己的小小世界，在泰雅山林裡編織美麗夢想，雲端的夢田。

■數位正義E世代■

圖一　桃花園中的孩子

圖二　馬里光五月桃媽媽

愛，八八綠光計劃

　　民國98年8月8日，百年大雨狂暴傾洩，山裡的村子滅了，房子倒了，數百人喪生土石下。明基友達基金會在第一時間宣佈捐款1億元，投入災區學校重建，加上明基友達集團員工、大陸四川長虹集團，總共募得1億2,300萬元，啟動「八八綠光計劃」，評估認養重建受災學校。

　　民國98年9月3日，教育部召開民間認養災區校園重建協調會，明基友達基金會認養臺東縣嘉蘭國小「多功能學習中心暨教師宿舍」、屏東縣泰武國小永久校區重建工程。

圖三　明基友達基金會與教育部簽署認養災區學校

■ 數位正義E世代 ■

圖四　土石流造成嘉蘭村滅村

蓋一座安全碉堡，送給風雨嘉蘭部落

　　民國98年9月9日，天空還下著雨，明基友達援建團隊，包括郭旭原建築師、互助營造，已經到了臺東嘉蘭村，太麻里溪滾滾流向太平洋，原本該是道路的地方，已經被掏空，站在以前的路中間，仍隱隱害怕會跌落河底。

　　問了嘉蘭國小郭傳宏校長：「以前的教師宿舍，現在在哪裡？」他無奈遙指著太平洋：「在大海裡。」

　　郭旭原建築師站在美麗的嘉蘭校園，望向大海，感受山風的吹拂，決定要蓋一棟讓山與海的氣息可以穿透的建築。新建築將不只是教室宿舍，它將成為多功能學習中心，它將更要堅固，除了讓學校的老師、學生使用外，更

要成為嘉蘭部落遇到天災時，最穩固安全的碉堡。

建築概念有了，還要有「心」，才能圓滿。明基友達基金會董事長李焜耀堅持：「我們不是來蓋紀念碑，而是要符合學校師生的需求，並且，尊重在地文化。」

心意，流露在最微小的細節。規劃廚房時，請煮飯阿姨模擬動線，由她們決定電線水管該怎麼配置；老師們也在宿舍工地走動，給予適當的建議；校園的另一個角落，建了太陽能光電車棚，未來，嘉蘭部落遭遇風災、地震、停電，平時儲存的電源，仍能利用作為部落緊急維生電力。

民國99年9月28日，經過一年的努力，嘉蘭國小「多功能學習中心暨教師宿舍」終於落成，並且成為災後重建第一棟完成的重建物。外牆畫著學校的美麗圖騰，站在新建築的二樓，果然可以感受到溫柔的山風，小轉角成為老師們下課後，閒聚談天的角落，本來因為宿舍被摧毀而不安的老師們，臉上露出滿意的笑容。

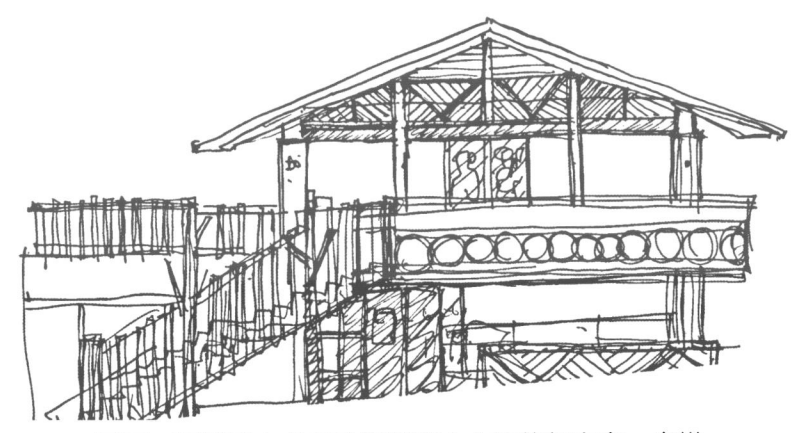

圖五　嘉蘭國小「多功能學習中心暨教師宿舍」素描

■ 數位正義E世代 ■

圖六　嘉蘭國小「八八綠光計劃」動土典禮

東海岸第一片小光田
綠能教育的太陽能光電車棚

　　嘉蘭國小的太陽能光電車棚，像一片小小光田，栽植在群山環繞的嘉蘭村。

　　「八八綠光計劃」友達太陽能技術團隊建置的光電車棚兼具教育功能，讓部落學童實際接觸環保新能源的科技，體會節省能源與綠能應用的教育意義。

　　嘉蘭國小的太陽能光電車棚，特別建置成防災型太陽能供電系統，防備未來重大天災，部落仍能運用緊急維生電力。太陽能光電車棚嵌入了3KWp的太陽能板，太陽光

經由太陽能板轉換成為電能，連接到多功能學習中心，並設計可儲存在蓄電池上，平時可供應學校的一般用電，節省部分電費支出，若遇重大災害停電時，儲存在蓄電池的電源就可發揮功效，提供48小時的電力，白天若有陽光仍可再蓄電，使得緊急災害發生時，部落能有對外聯繫的緊急電力；而蓄電池特選壽命比一般電池長3至4倍，以降低學校的維護費用，節能、蓄能、防災、低維護費用的友善設計，為太陽能光電車棚的主軸特色。

明基友達基金會也協助更新嘉蘭國小的學校的照明，包括多功能學習中心，已全數換成隆達電子的節能減碳LED燈管；同時，也贊助中繼屋、永久屋的節能省電照明，捐贈威力盟的T5燈管、CCFL節能燈泡以及燈具，範圍包括臺東縣太麻里鄉、金峰鄉、大武鄉，約二百五十戶住家。

明基友達集團的愛，化為一盞盞溫暖燈光，在相距遙遠的東海岸，映照著良善心意，熠熠閃亮。

■ 數位正義E世代 ■

圖七　太陽能光電車棚照

築一座希望小學，送給遷徙的泰武部落

　　民國98年9月15日，明基友達基金會與泰武國小結識，初次到泰武探勘，在大武山懷抱中的小學校無比秀麗，每個人都驚呼：「這麼美的國小，真的要遷走嗎？」然而，土地因風災而造成的崩裂落差，更讓人心驚。

　　泰武國小的重建一波三折，畢竟要與泰武部落同住，落腳地一換再換；泰武國小也在這2年間，從山上部落，

暫時遷移到平地武潭國小佳平臨時校區,又遷移到佳興分校。這段時間,孩子們在校長與老師的帶領下,盡量地樂觀,繼續唱歌、雕刻、編織,但是,他們很想家。

孩子畫圖寫詩,不小心把心事都說出來:「小美魚最想去的地方,是藍藍的大海;綠巨鳥最想去的地方,是高高的天空;三角猴最想去的地方,是綠綠的森林;小嬰兒最想去的地方,是媽媽的懷抱;而我,最想去的地方,是懷念的泰武國小。

經過八次的更換選址,終於落腳在萬巒鄉的新赤農場。遷村遷校,勢在必行,但是新部落遠離山林,不再有農地耕作,不再有涼風習習,也沒有隨四季變化的美麗葉子,山腳下,只有一望無際的原野,與毫不留情的炙熱太陽。該如何讓新校園取代山上的美麗國小,是建築設計的最大難題。

起初,郭旭原建築師規劃了三排式的教室,拜訪排灣族藝術家撒古流時,撒古流大筆一揮,三排式校舍,繪成了代表排灣傳統的百步蛇弧型線條,既保有原住民的文化意象,也讓校園更有穿透感,連接操場綠地,形成一個大舞場的開闊。然而,當時設計圖早已完成,連材料費用都估算妥當,就等著要發包動工了,郭旭原建築師回臺北思考了一個星期,決定按撒古流的建議,重新規畫校園設計圖。

於是,有了現在的泰武國小,校舍呈圓弧型,代表排

灣意象的陶壺廣場環抱在正中心，孩子們在陶壺廣場嬉戲跑跳；校園內蓋起石板屋，架起盪秋千、烤芋架、穀倉，部落老人們可以在這裡聚會，把祖先的故事說給孩子們聽。

　　學校還留了一片空地，讓部落族人們可以種小米、花生、芋頭和薑，孩子們下課時也能夠跟著耕作。最重要的是，校園的北側、西側，分別造了5米、4.5米高度的山坡，代表北大武山、南大武山的意象，讓孩子們不要因為離開了原居地，就忘了祖靈聖山大武山。

圖八　學童穿著排灣族傳統服飾站在新校舍中

圖九　擁有新學校 孩子臉上充滿笑容

最真的心,送祝福給未來的孩子

在重建的過程中,明基友達、互助營造團隊與郭旭原建築師,頻繁往返臺東、屏東,只為了追求最高的重建工程品質,以及對部落的關懷。

明基友達董事長李焜耀不只一次到現場探勘,甚至帶著高階主管們騎單車時,也要繞道學校,關心工程進度;互助營造林清波總裁到了現場,總是仔細撫摸牆壁,發現瑕疵,立刻要營建團隊重修;明基友達林淳源協理、徐啟潤經理耗盡心力協調現場,每一項工程都細細斟酌;互助營造黃長洺副總經理最在意孩子們的安全,顏君賢協理、

汪信豐副處長、以及工地主任謝成昌,不畏辛勞奔波,只希望可以給孩子們一個最好的學習環境。

　　從小在嘉蘭村長大的胡德夫,望著新建的校舍,感動地說:祝福,是給予他人真正的需要,而非浮誇,明基友達尊重在地文化重建學校,蘊涵最真誠摯心意,是給災區孩子們最好的祝福與禮物。

E世代新觀點

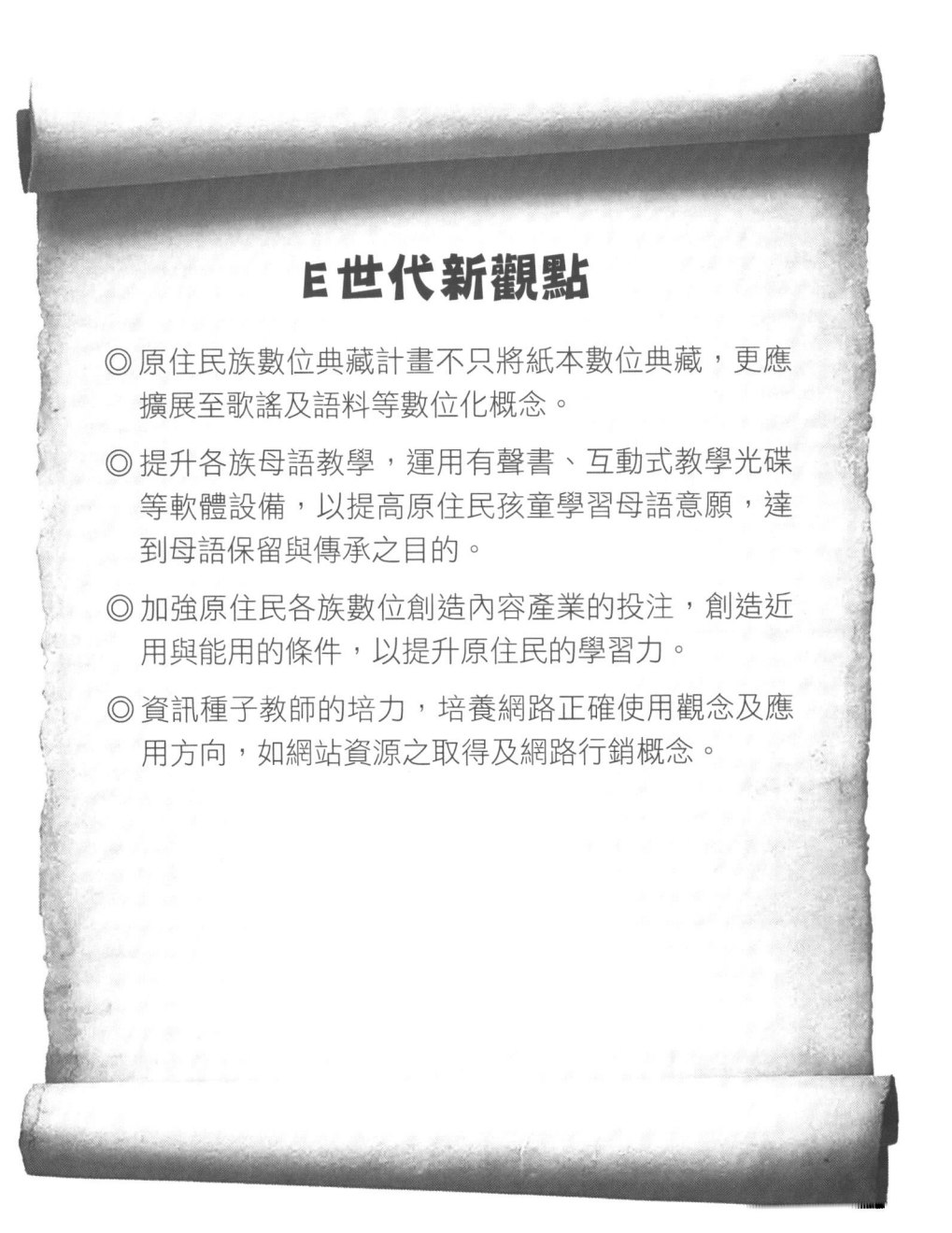

◎ 原住民族數位典藏計畫不只將紙本數位典藏，更應擴展至歌謠及語料等數位化概念。

◎ 提升各族母語教學，運用有聲書、互動式教學光碟等軟體設備，以提高原住民孩童學習母語意願，達到母語保留與傳承之目的。

◎ 加強原住民各族數位創造內容產業的投注，創造近用與能用的條件，以提升原住民的學習力。

◎ 資訊種子教師的培力，培養網路正確使用觀念及應用方向，如網站資源之取得及網路行銷概念。

電信費率合乎正義嗎？

政府在推動電信服務時應扮演什麼角色？

王郁琦

民國58年（1969年）生，畢業於美國印第安納大學布魯明頓分校（Indiana University-Bloomington）法學博士，博士論文以資訊隱私權為主題，研究領域涵括電信與傳播相關法律與政策。現職為行政院大陸委員會主任委員，曾任國家安全會議諮詢委員、世新大學法律系副教授、資訊工業策進會科技法律中心主任。

政府在推動電信服務時應扮演什麼角色？

王郁琦　副教授
（世新大學法律學系）

一、電信服務是國家競爭力的一環

　　網路、行動通訊的發展一日千里，讓我們對於資通訊服務開啟了無限想像，並因此徹底改變了人類的生活。當我們越來越依靠這樣便利的資通訊服務，如何提供「更快、更好、更便宜」的電信服務，便成為電信政策上的重要議題。這個議題不但大家都很關切，而且對我們國家將來的經濟發展、教育、生活各方面都會有深遠的影響。

二、政府對於電信服務改善的一系列措施

　　近幾年來，在電信議題上最常被民眾所詬病的，主要有幾個問題，例如與先進國家相較，臺灣業者所提供的寬頻網路服務速度過慢、價格過高，3G上網常塞車等，因此政府在去年有推動一波改善方案，在寬頻網路太貴的部分，政府協調中華電信主動調降費率，讓20M從原本將近1,400元降到939元，50M從原來的1,700元降到999元，100M從2,200元降到不到1,400元，降幅大概有三到四成。

而在今（2012）年的7月，國家通訊傳播委員會也通過了中華電信新的光世代資費方案，包括雙向100M每月1,699元、下載50M上傳20M每月1,099元及下載100M上傳40M每月1,499元等，但是這樣的費率與鄰近國家，如日本、韓國等先進國家進行比較仍有下降空間，因此主管機關會繼續監督業者進行費率調降。網路品質的問題，尤其是3G上網容易塞車的部分，NCC也設置了申訴專線，並請業者提出相關的改善計畫，包括提供定點的Wi-Fi服務，以便對3G網路的流量進行分流，根據統計，目前幾個主要的業者（包括中華電信、臺灣大哥大、遠傳、威寶、安源及7-11等）及政府iTaiwan計畫的Wi-Fi熱點超過5萬個，這些作為，都是希望在某種程度上疏解3G塞車的問題，以提升我國的寬頻品質。而有關基礎建設的部分，政府在去年的「數位匯流發展方案」計畫要在明年讓100M的寬頻涵蓋率達到100%，2015年光纖用戶達到720萬戶，以提高我國寬頻網路的競爭力。

三、政府推動免費的上網計畫──iTaiwan

除了以上降價措施外，為了提升我國無線上網環境的品質、創新政府服務的應用，同時平衡城鄉的發展，政府也在中央機關及其附屬單位提供免費的Wi-Fi上網，也就是iTaiwan計畫。從100年10月7日開始，政府針對中央行政機關室內公共區域提供免費的無線上網服務，讓民眾在外出活動及洽公

之餘，能享受1M頻寬的免費網路服務。目前iTaiwan的免費無線上網熱點數超過3,000個，不論是偏鄉或離島地區，都可以見到iTaiwan熱點服務的蹤跡，政府希望藉此擴大服務的涵蓋範圍並進一步平衡城鄉發展。

目前iTaiwan的熱點主要分佈在中央機關的洽公場所，包含全國郵局營業服務據點，另在臺鐵火車站候車室及國內各航空站候機區等大眾運輸節點、公立醫院及旅遊景點，都有iTaiwan無線上網服務的設置。iTaiwan免費上網服務自100年10月7日開始提供服務，到今（101）年6月底累計註冊人數已達五十萬餘人，使用人次已經超過400萬人次，累計的使用人數則超過47萬人。

為了讓iTaiwan的熱點的分佈範圍更為擴大，下一步中央政府也會協助地方政府推動無線上網服務，目前行政院研考會將單一的註冊認證機制、客服中心、網路維運管理及資安防護等共享資源提供給各地方政府共用，以「地方主導，中央輔導」的推動策略，視地方政府意願及執行力協助推動。

目前與iTaiwan無線上網服務進行合作的包括臺北市政府的「TPE-Free」、新北市政府的「New Taipei」服務，讓iTaiwan的帳號能與「TPE-Free」、「New Taipei」服務進行互通漫遊。除此之外，桃園縣、臺中市、高雄市、花蓮縣、臺東縣、金門縣及澎湖縣等地方政府之部分公共區域已加入iTaiwan無線上網服務範圍，其他地方政府亦規劃納入中。

四、提升電信服務的推動方向

為了電信產業的發展,並且持續提供「速度更快、品質更好、價格更低」的電信服務,政府未來還有一連串的施政目標,包括提升100M寬頻光纖網路的家戶接取涵蓋率、推動高速無線寬頻技術升級(3G〔含WCDMA、HSDPA、HSUPA〕、Wi-Fi及規劃4G行動上網釋照)、透過速率測試計畫的施行來改善行動上網品質、提升無線寬頻涵蓋率,改善行動上網骨幹頻寬、推動固網高速優惠方案及中低速升速不加價、鼓勵3G業者提出以量計價的行動上網方案等。

五、電信產業未來的挑戰

開放電信產業的自由競爭,可說是目前世界多數先進國家都認同的方向。我國自1996年起開始推動中華電信民營化,2000年中華電信正式上市,開啟了臺灣電信產業的自由競爭。在開放電信產業的競爭後,許多電信產業的問題,理論上應該透過市場機制來解決,然而目前電信仍然是一個高度管制的產業,監理機關在產業中仍然需要扮演重要的管制角色,以電信「費率」為例,由於電信服務的建設、支出需要龐大的成本,使得電信費率的計算變得十分複雜,所以電信費率的調降背後牽涉許多成本的變動,也會影響電信事業的競爭板塊,更是直接關係到業者的獲利。以行動電話的費率為例,目前NCC是依據電信法第26條第3項規定,來制定

費率價格調整係數,也就是俗稱的X值,以消費者物價指數(Consumer Price Index)年增率減去X值,作為計算電信資費調整幅度。X值每3年制訂一次,最近一次的X值(約5%)是99年4月1日所制定,下次調整時間為102年3月31日。

近年來民眾不斷反映我國寬頻上網及行動電話費率偏高,檢討X值管制機制的聲浪不斷,而電信服務業者行動電話方案內容甚為複雜,因此電信費率應該怎麼設計,政府該怎麼引導費率的降低?在自由競爭與市場機制為基礎的電信政策上,政府能扮演什麼樣的角色,使業者持續提供「速度更快、品質更好、價格更低」的電信服務?同時能讓消費者成為最大贏家,又能健全我國電信產業的發展,又能讓我國電信服務的品質具有競爭力,這是我們在電信產業問題上的大挑戰,也需要電信產業的主管機關NCC以更大的智慧來處理這樣的問題。

電信費率合乎正義嗎？

正義三角——
保障消費者權益，創造公平競爭環境，促進產業發展

陳嘉琪

民國58年（1969年）生，國立臺灣大學法律系畢，現職遠傳電信（股）公司法務暨法規處副總經理，曾任板橋、金門及士林地檢署檢察官、臺北地方法院法官、理律法律事務所律師，長於刑事法、電信法規、商事法與公司法等領域。

■ 數位正義E世代 ■

正義三角──保障消費者權益，創造公平競爭環境，促進產業發展

陳嘉琪　副總經理
（遠傳電信法務暨法規處）

所謂公平正義或正義（德語：Gerechtigkeit），引用維基百科的說法，是關於適當安排社會內的東西和人民的概念，此概念是哲學、法學和神學歷史上不斷思考和辯論的話題。

國家通訊傳播委員會自民國97年起，以調整法規所訂的x值，執行調降電信費的政策，多年來一直是爭議的議題。而屬於民營企業的電信業提供電信服務所收取的電信費，何以政府得／願／可以政府高權的方式，強制業者調整？而為達到政策目的，調整電信費是否為唯一、必要且負面影響最小的手段？的確是各方不斷思考和辯論的話題。

一、更快、更好、更便宜──有感的經驗

政府於民國100年，明確地將提供民眾更快的速度，更好的品質及更便宜的價格上網列為施政政策。此政策確實推動及帶動周邊效應的結果，個人就真的相當「有感」。舉例而言，個人曾經在集集車站附近的特有生物保育中心的涼亭中，看見立有「此處有Wi-Fi上網服務」的牌子；又

比較國際幾個大機場,桃園國際機場是少數提供免費上網服務者。有那麼幾個時刻,真的會有一點點的感動,感動政府的用心及貼心。

二、政府心懷社稷,企業擁抱客戶——消費者,是政府與企業心之共同所繫

　　政府的職能,引用維基百科的說法,是為公眾服務,並以公眾的利益為依歸。如亞里士多德所說的追求「最高而最廣的善業」。而企業的組成,公司法第一條開宗明義即說明,是以營利為目的,擁抱客戶,當然是企業的天性。政府和企業二個追求不同目的的組織,在消費者端有了交集。

　　惟政府、企業、消費者,是以組織團體的功能予以區分,但是,做為三個團體中的個人,同時或先後,也穿梭在不同團體間。例如公務員持用手機,他既是政府組織中的人員,也是接受電信服務的消費者;又例如持用手機的人經營開發設計App的公司,他是消費者,也是企業經營者。另外,政府、企業、消費者,各有各之利害關係人,例如電信公司,除了面對消費者,還有上下游廠商、員工、銀行、股東(包括本國股東及外國股東,即所謂外資)並不完全一致的利益。以上勾勒的輪廓,也許可以大概了解這個議題,因為牽涉太多追求不同利益的關係人,而具有高度的複雜性。

另消費者者所追求的，是否只有「便宜」此單一目標？隨處可見的「低頭族」、「划船族」已清楚說明，創新的玩意兒，早已和消費者生活緊緊結合，消費者要的，不見得是便宜。

三、見樹也見林，見林也見樹──創造多贏的幾個困境

就像上面所勾勒的輪廓，這個議題的討論，絕對不是只考量消費者（單一團體）享受便宜的費率（單一目的）。另外，雖然各不同團體（政府、企業、消費者）有不同的追求利益，惟共同創造多贏，我想應該沒有人會有異議。

所以，本人擬藉此分享在電信公司工作的經驗，提出企業面對的一些問題，供作公共政策討論，並期待與各位一起思考，是不是政府強制電信業者齊頭的降低資費，是唯一、必要且損害最小的手段，可以達成最多數的利害關係人短中長期最大的利益。

（一）不公平的競爭環境

1. 最後一哩的問題

中華電信長期以來一直掌握交換機房到用戶端的管線。造成的影響，有很多的學者為文討論，也多有業者表

達抗議。本人只想很單純的提供實際經驗,來解釋問題在哪裡。

例子一:一個服務二張申請單?

現在申請Seednet的網際網路接取的服務,申請人要填「二」張申請單,一張是和Seednet申請ISP,另一張是和中華申請線路。這就很清楚的看出,在線路端的申辦流程、速度、品質、服務都掌握在中華,更不用說Seednet的客戶名單此一企業經營的命脈,也被中華知悉。

你可能會問,Seednet可以把中華線路租下來呀,這樣服務就可以end to end了呀,就會只要填一張申請單了呀!的確,這一直是被評估的解決方法之一,問題出在成本。雖然主管機關也很努力,將中華線路的批發價壓低,最近一次調整,批發價約少於零售價的25%〜33%,但因為中華市場規模獨大的結果,經實際核算成本,Seednet提供消費者服務「一張申請單」的成本,遠遠高於「二張申請單」,因此所提供給消費者的零售價格就會遠高於其它業者(例如Hinet),而完全沒有競爭力。所以,從營利(企業的天職)的觀點看,「把中華電路租下來」,根本無法解決問題。

例子二:一條馬路要挖幾次?

另外,你也可以說,那你們這些業者自己去拉線路、蓋光纖就好了呀。怎麼不思投資,盡想利用他公司的建

設！

如果這個問題單純只是要拉線路，蓋光纖，這種只是要投資建設的事情，業者還不努力，就真是業者的問題。但這個問題不單只是線路的問題，重點是線路怎麼拉。這些線路是佈建在地下管道中，這些地下管道才是關鍵問題。

本人不打算從路權使用難申請等來說明這件事。本人只想說，如果一個業者佈建線路挖一次馬路，除了中華以外的4家業者共挖4次馬路，這是一般用路人可以忍受的嗎？這對馬路周圍的居民是公平的嗎？如果開放中華既有的管道就可以解決的事，何以要沒有效率的讓馬路挖挖補補4次呢？光思考用路人飽受塞車之苦，居民生活在煙塵漲天噪音不斷的環境中，這個問題的解決方法，應該清晰可見。

再者，臺灣的地理面積並不大，資源有限，從效率的角度看，如果只要開放一套管道線路就可以達到目的（建立公平競爭的環境，以提供消費者最適電信服務），有必要以2倍、3倍、甚至是4倍的資源（不論該資源是來自政府或企業），無意義挹注在相同的地方嗎？這些資源實在是可以用於更有利的投資，來提升國家整體的競爭力，從這個角度看，這個問題的解決方法，應該昭然若揭。

2. 網路互連費用

網路互連（peering）是指兩個ISP（網際網路服務供應

商）相互連結、互通有無的情況。國際的情形是，如果是流量相當的業者，就免費對等互連。但現在在本國，是所有介接的業者，不論是否流量相當，都要支付peering費用給中華，而中華卻完全不必付費，中華在這部分，很明顯就享有成本的絕對優勢，造成不公平的競爭。

（二）基地臺建設的難題

雖然主管機關和業者協力澄清電磁波的疑慮，但對於電磁波是否影響健康的迷思，仍然像是一道深不可破的城牆，因民眾抗爭而拆除基地站臺的情事，成為業者長期不得不面對的頭痛問題。

業者除了承受這些拆除基地臺的高額成本，又要面對消費者要求提供更快、更好的電信服務品質，特別是現行智慧型手機的快速崛起，這種要求更為急切。業者當然盡全力找地點做為被拆除基地臺的替代或佈建新的基地臺。

但在找尋私人土地建物時，立刻遇到取得公寓大廈管理條例所要求的區分所有人同意的重大挑戰。而在尋求公有建物佈建時，同樣並不容易，即令有電信法的加持，但大部分的政府機關或有其考量，都以「正當理由」婉拒業者的申請。

以上難解的情勢，一再墊高業者的成本。更令業者難以處理的是消費者對於電信品質的抱怨。這些抱怨又轉到政府機關，而政府又回頭要求業者，業者因此處在一個非

常特別的困境中。

　　面對以上這些業者無力自行解決的困境，為達到營利（企業的天職）的目的，業者自然從如何降低成本去思考。於是在採買基地臺設備，自然會多找一些廠商來比價、議價來降低成本。但對於陸製廠牌設備，政府又以有國安疑慮的抽象理由，限制業者採用。面對基地臺建設此一提供優質電信服務的基本要件，業者有四處碰壁的困境。建置的成本因而不斷不斷不斷的墊高。

（三）吃到飽費率是否合於正義

　　所謂的吃到飽費率，就是消費者付出一定金額的費率，然後可以無限制以手機上網。

　　大家都了解，頻率是稀有有限的資源，而依The New York Times（2012年1月5日）報導：依據英國Arieso公司的數據顯示，1%的行動用戶占了整體網路頻寬大約50%，而前10%的用戶則占了整體網路頻寬大約90%。這個數據明顯指出——極少量用戶卻占用了大部分的頻寬。

　　而吃到飽的費率，因為金額較高，又因此提高大部分非重度使用者接取網路的門檻，這的確有分配正義的問題存在。

　　可能有人要問，那就取消吃到飽費率呀！這個部分主管機關有些想法。本人認為主管機關所執的理由其實不是沒有道理，但如果消費者、政府及企業都認同這是不正義

的,是不是可以一起想想解決方法。

　　也有可能有人要問,這個問題和業者有什麼關係呢?這當然和業者有關。因為少數人占用大量的頻寬,為了維持品質,業者又要大量佈建基地臺,可是,又回到以上基地臺佈建的難題。

四、政府營造公平競爭的環境後,要相信……

　　電信業是特許的行業,其是以投標或競標的方法,取得政府核配的稀有資源——頻率。基此,政府管制電信業有其合理的事實上和法律上的理由。但是,從以上所述,齊一式的調整電信資費,顯然不是達到政策目的的唯一方法,而更根本的是,政府以其高權建立實質公平競爭的環境,才能真正引導並達成各方短、中、長期的最大利益。之後,各方都應該相信:

(一)要相信市場機制

　　例如網內互打免費,並不是政府強制要求的結果,而是業者基於激烈的市場競爭不得不的設計。

(二)要相信消費者的選擇意願及智慧

　　在業者眾多的資費組合(包括與各類型手機及平板電腦的合作),消費者絕對是針對他個人的需求(例如有些人只需要通話和簡訊,有些人也想要享用最創新的服務),找到最適宜他個人的資費方案。這絕不是任何人得

以任何方法代為決定。

（三）要相信企業經營的能力

企業因為營利為目的天職下，自然會因應消費者的需求，也唯有企業，有足夠的誘因投資發展創新。

有自EPS的觀點，認為目前電信業的EPS過高，似有經營因缺乏競爭而有無效率之疑慮。惟，各產業本有不同的性質，像手機產業有著絕對值更高的EPS，而傳統產業EPS的絕對值普遍較低。則所稱電信業的EPS過高，比較的基礎為何？此遽得缺乏競爭的結論，仍有討論空間。

又有自國際，特別是鄰近日韓等國為比較基準，認為本國的電信費過高。惟各國數字資料的採酌，即令適當，但是否應更進一步的去檢視，被提出比較國家是否有本國所面臨的問題？另外，是否有政府的補貼而導致他們成本的下降？是以此說，也有辯論的餘地。

最後，以此為結——要對市場機制有信心，因為這才最能達成效率！

E世代新觀點

◎強化偏鄉、弱勢民眾使用資訊科技,加強提升偏鄉網路頻寬,以較為優惠之方案,提供行動網路服務。繼續深化iTaiwan計畫,結合與開放各地政府或民間機關之Wi-Fi,增進數位公平正義。

◎國家通訊傳播委員會(NCC),年底前提出調整電信資費上限(以X值為降價基準)措施的檢討方案。X值的調整方法還需委員會討論,新方案將在2013年4月執行。

◎以法規介入方式,就流量大且相關之業者,互為免費網路互連(Peering),俾利資訊與通信科技(ICT)之發展。

◎修訂資費管理辦法,取消價格上限制,使「吃到飽資費」與「上網分級資費」均得合法並存,供消費者自行選擇。

■ 數位正義E世代 ■

科技藝術未來教育產業

科技藝術未來教育產業──兼談數位藝術教育的困境

駱麗真

畢業於紐約大學藝術創作碩士，國立交通大學應用藝術研究所博士，現任台灣科技藝術教育協會理事長以及世新大學公共關係與廣告學系助理教授，長期致力於臺灣科技藝術創作、研究與教育工作，同時精研數位行銷與互動展示科技研究。駱麗真參與科技藝術教育政策建議規畫，也是國內文化政策觀察與人才培育重要工作者。

■ 數位正義E世代 ■

科技藝術未來教育產業——
兼談數位藝術教育的困境

駱麗真　理事長
（台灣科技藝術教育協會）

一、緒論

　　由臺灣的數位藝術發展脈絡來看，最早期除了一些零星的表現外，我們的數位藝術發展史前段，呈現明顯的文化新殖民現象。數位藝術的拓荒工程起源於教師與業師國外求學經驗的移入，旋即輔以國際大展的引介推波助瀾，表現技法與內容探討上雖與臺灣現代藝術呈現斷裂，但是數位藝術除卻傳統語彙的包袱、技法也迥異於過往表現，可以砍掉重練的自由度與創新性，反而吸引年輕藝術從業人員的興趣。高等教育裡科技、數位、新媒體科系相關系所相繼設立與整併，國家政策的主導也是重要助力，許多優秀的藝術作品與創作者在地化且國際化經驗的加入，讓數位藝術儼然成為當代藝術新顯學。

　　然而市場機制反應是藝術成文史之外，另一重檢驗成熟度的重要指標，數位藝術的收藏面臨著修復、防偽（防拷貝）、市場流通性的考驗，和一般藝術品收藏的問題相近卻不全然相同。近期「雲端收藏」概念的提出，便是試圖為數位藝術某些類項的作品，發展新的收藏可能。

二、幾個問題釐清

　　開始討論科技藝術之時，經常需要先釐清幾則問題，第一便是名詞定義的問題。很多人會問到底該以科技藝術、數位藝術、新媒體藝術，或其他名詞來正確代表這個領域？我想，以時間脈絡來看這個領域在不同年代裡的作品趨勢，比較能提出容易明白的解釋。科技藝術在初期常常與電腦藝術、高科技藝術、多媒體藝術互為混用，這是一個觀眾已習慣了現代與當代藝術作品的年代，而科技才剛剛開始和藝術展開實驗性的媒合階段。20世紀末的數位藝術、新媒體藝術則較為真實的呈現這個類項裡的數位與媒體特性。近期常見的互動藝術、軟體藝術以及跨領域的科技藝術整合展演則是科技藝術在21世紀領域成熟新表現。

　　第二個常被問到的問題則是想要界定或清楚分類作品。觀眾常常會想要將眼前的作品，塞到心中認知的藝術類別裡，比如將剛剛靠肢體擺動控制過的黃心健作品「雨」，常常被交代成互動藝術便了事，但黃心健在作品裡擺放了同等重要的古箏聲，讓聲音與影像同時成為暗示互動同步的重要因素，而這件作品需要的是流暢的軟體，可以說得上是一件互動、聲音、軟體合作成熟的作品。和「雨」的作品一樣，有許多科技數位藝術的作品，單機版與環境裝置版會提供觀者不同的經驗，此時若加上網路或遠距技術，作品便無法只由一種技術控制來決定分類性質，而且坦白說，這個領域的迷人之處，也就在於媒材多

■數位正義E世代

元並呈、無限拓展的自由度。分類往往是沒有意義的,更何況若面對像安娜琪舞蹈劇場與參式團隊合作的「第七感官」,完全沒有分類的方法與需要了。

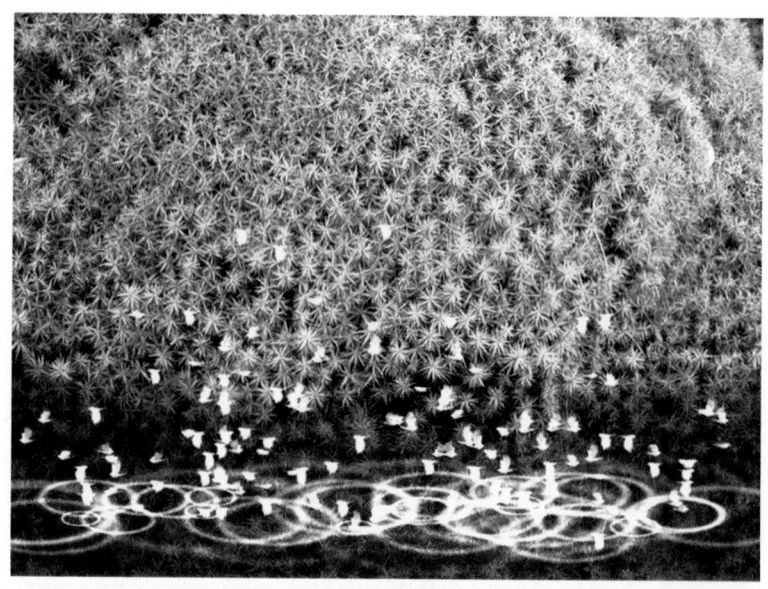

圖一　黃心健作品——雨

圖二　第七感官

三、臺灣的數位藝術發展

　　由臺灣的數位藝術發展脈絡來看，除了最早期楊英風、席慕容的雷射版畫、蔡文穎的動態雕塑外，我們的數位藝術發展史前段，呈現明顯的文化新殖民現象。數位藝術的拓荒工程起源於教師與業師國外求學經驗的移入，如德國歸來的袁廣鳴、王俊傑老師，美國歸來的張恬君、許素珠、黃心健老師……等。

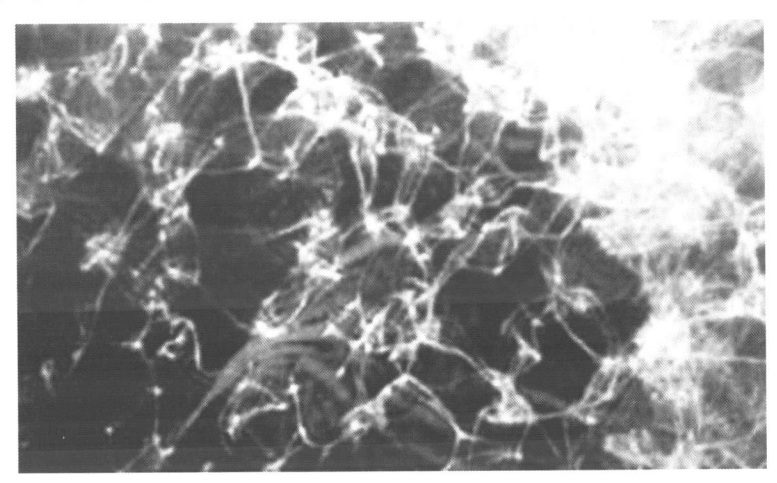

圖三　楊英風的雷射版畫

　　由省政府時代的省美館改制而成的國立臺灣美術館（簡稱國美館），銜負推動臺灣科技藝術的任務，先後推出由王俊傑策展的「漫遊者」，以及林書民、胡朝聖共同策展的「快感」兩檔影響深遠，讓國人眼界大開的國際大展，為國內科技藝術潮流掀起新風浪。

　　科技藝術漸漸為國人接受，也開始吸引年輕藝術工

■ 數位正義E世代 ■

作者的加入。科技、數位、新媒體科系相關系所相繼設立與整併，學校的媒體實驗室也在老師的帶領下，有數位、聲響、新媒體、跨領域計畫，讓學校成為培育人才的第一線。如國立臺灣藝術大學新媒體藝術研究所林珮淳老師帶領的數位藝術實驗室，國立臺北藝術大學新媒體藝術研究所王福瑞老師帶領的科技藝術中心。

國家政策的主導也相形重要。一在館社與實驗場域的成立，二在推動經費的挹注。「台北數位藝術中心」雖屬臺北市文化局管轄，但推動法人化經營，以「財團法人數位藝術基金會」為營運單位，同時兼負推動「台北數位藝術節」任務。國美館負責的「數位藝術知識與流通平台」以及「數位方舟」也相繼成為臺灣科技藝術的數位推廣平臺，以及實驗展場。科技藝術推廣計畫，在文建會時代有「數位藝術推廣計畫」，臺北市以「數位藝術表演計畫」為主，目前最大型計畫為「數位科技與視覺藝術跨界創作計畫」。

另外，對於科技藝術推動功不可沒的還有主辦國際錄像藝術節多屆的「邱再興文教基金會」與其經營的「鳳甲美術館」；執行跨域科藝表演計畫經驗豐富的「廣藝基金會」與「廣藝廳」表演場，這兩者都是規模大且影響力強的私法人基金會。

四、科技藝術教育的困境

臺灣的科技藝術發展與教育，可分為下列幾個階段。

・引介期：在此時期，科技運用於藝術的國外展演訊息被介紹或引介到臺灣來，幾則雷射藝術的展演以及之後的動態藝術展、錄像展、尖端科技藝術展……都揭開國人對於科技運用於藝術的視野。

・實驗期：展覽開啟了青年藝術家實驗風氣，王俊傑、袁廣鳴在學院時代即投入新媒體的創作，嶄露頭角，之後更赴德國深造，成為日後臺灣數位新媒體藝術創作、策展與教育先鋒。

・培育期：因應數位新媒體藝術發展在國際與國內漸成顯學，國內紛紛成立相關高等教育系所培育專才。

・轉化期：年輕藝術工作者投入，專業館舍增加，展覽交流漸漸頻繁，政府關注與補助挹注、跨域合作的本土實驗百花齊放。

雖然在地化且國際化的作品相繼出現，優秀的藝術作品與創作者已然培養，國內藝術策展、評論能量也明顯提升，然而臺灣的科技藝術發展與教育，卻正面臨幾項轉化期的考驗：

（一）**科技藝術教育當然以教育培養專業的科技藝術相關人才為主，然而此一領域包含大量技術任務，非常需要教學制度上的突破與新設計。**

- 教學的模式能夠更開放，發展專為科技藝術而設計的機制和學制，允許跨領域、跨學門的合作與教學模組、學系或學門的成立。
- 讓有藝術和技術背景的專職人員常態進駐，支援老師和學生藝術創作上的技術支援和前期實驗需求。
- 成立國家級專業教學與展演空間的實驗室。實驗室對於科技藝術的培養極具催化效果，應規劃多年期資源挹注，包含設備、基金，與國家科學實驗室或媒合國內企業工程師跨域計畫合作。

（二）國科會增設科技藝術相關學門

- 科技藝術目前在國科會人文處人文及社會科學裡面只有學科代碼H23A4的「機械與電子影／音像」組，充分表現此一領域的研究成果，非常不利於目前相關領域眾多的教師致力於實務型研究。
- 國科會研究多以學術成果為主，然而因為科技藝術的特殊性，其成果表現有許多學術研究外的實徵研究之價值，建議國科會在增此一學門時，並應發展相對應的應用型計畫。

五、小結

　　科技藝術在國際間早已是成熟的藝術表現，亞洲鄰近日本發展最早，韓國與中國大陸挾新秀之姿崛起，臺灣

則正由發展中。我們實在需要教育工程作為培養科技藝術人才，包含創作、研究與市場推廣的第一線人才，而且教育工作不只在高教體系，更該向下紮根於中小學教育。然而這樣的工程，絕不單單是產出優秀的作品就可以一串收起，水到渠成。由德國、法國、美國的國際經驗來看，最迫切需要政府助力的部分在於建立教育部、國科會、文化部等的跨部會整合機制，讓科技藝術因為仰賴科技技術成熟度、與藝術結合之實驗性，以及實驗教育傳承的三大特性，可以融合發揮，唯有成立跨部會協調組織，才能由教育、技術與藝術的完整面向，真正協助科技藝術的蓬勃發展。

■ 數位正義E世代 ■

科技藝術未來教育產業

臺灣科技藝術之發展與教育推廣

胡朝聖

　　紐約流行設計學院藝術管理碩士。曾任富邦藝術基金會專案經理，現為策展人、國立臺灣藝術大學兼任講師、忠泰建築文化藝術基金會董事、中華民國視覺藝術協會理事長，及胡氏藝術公司執行長。

　　曾策劃「2011台北世界設計大展設計交鋒展──幸福所在」、「2011台北世界設計大展國際工業設計展──進化」「種子計劃──生活系列3藝術在風左右」、「食托邦──2010台灣國際錄像藝術展」、「種子計畫2──藝術在山左右」、「URS27：華山大草原 快樂樂台──創意新生地」、「風帶來光──新宮晉 動力/地景藝術展」等。

■ 數位正義E世代 ■

臺灣科技藝術之發展與教育推廣

胡朝聖　執行長
(胡氏藝術公司)

　　1980年代前後，科技藝術（Technology Art）對大部分的臺灣人而言，絕對是一個陌生的藝術表現形式，在當時的藝術環境裏，其實沒有對科技藝術有充分的資訊提供，以及技術的支援；但隨著臺灣科技產業的發達，以及相關藝術知識和資訊的引進與交流，也漸漸影響到新進藝術家們朝向科技藝術創作的方向與媒材的運用。據筆者在一篇文章內容的分析[1]，光是2004年整年，從公家體系、美術館、私人基金會、藝術家創作、民間企業對科技藝術發展的投入程度就可以看出這一波的藝術潮流與脈動；我們若是將20世紀的90年代說成臺灣裝置藝術發展的高峰期的話，21世紀發展至今的前4年則可謂是裝置藝術與新媒體藝術（或是以科技藝術相稱較容易給人清楚的輪廓）交鋒的過渡時期，可以發現過去在任何展覽中最受歡迎的裝置藝術似乎有逐漸退燒的趨勢，取而代之的是新生代創作者對科技藝術的熱情擁抱，有關新媒體藝術的議題以及活動都比過去任何一段時間佔據了相當大的比重，而到了2012年的今天，更可以說以科技作為媒材或形式的藝術創作已經鋪天蓋地的在臺灣當代藝術圈中成為主流了。

科技藝術未來教育產業

「科技藝術」（Technology Art）或稱「媒體藝術」（Media Art）都有著「時間性」、「動力性」、「媒體性」、「連結性」或「互動性」的特質並藉由科技來完成的藝術作品。在現代藝術發展的歷程中，「科技藝術不是一個藝術運動；它是當代藝術作品中，由科技來完成的作品，包括電腦、雷射、全像攝影、影印機、傳真機、衛星傳輸等等」[2]。西方的藝術史家或藝評對於這一段歷史的開始約莫都強調與科技本身的進程有相當的一致性，有從攝影之前的暗箱開始談起；也有從未來主義（Futurism）或最晚的60年代錄影藝術（Video Art）開始寫起。只是至今「科技藝術」也一直沒有被賦予太明確的定義，原因為科技不斷變化與進展，藝術家也不斷的以新的觀念去採用新時代的新科技、媒體，使其定義及範疇不斷的延展開來。「科技藝術」雖沒有被賦予非常明確的定義，但是就作品的形式而言「科技藝術」大致包括：攝影、電影、動力藝術、媒體與跨領域表演、錄影藝術、數位藝術、互動藝術、網路藝術、虛擬實境、以及最新的生化科技藝術等。

臺灣從1980年代經濟起飛之後，不斷戮力於科技產業的發展，企圖在世界版圖上佔有一席重要地位，在2012年的今天來看，我們的努力與成就都獲得了國際證明。雖然如此，臺灣科技產業的發達卻似乎沒有讓科技藝術與之平行發展，不同於西方科技藝術的悠久歷史，臺灣科技藝術的發展也一直要到1980年代，才陸續有相關的展覽與資訊

導入，進而影響當時年輕藝術家的創作方向與使用媒材；1984年北美館展出的「法國錄影藝術展」和1985年「雷射藝術特展——雷射、藝術、生活」、1986年洪素珍於臺北春之藝廊聯展的錄影裝置作品，以及同一年SOCA（現代藝術工作室）開幕聯展中郭挹芬的錄影裝置，1988年臺灣省立美術館（現為國立臺灣美術館）策劃的「日本尖端科技藝術展」都可以說是國內民眾最早期接觸科技藝術的濫觴；期間藝術雜誌《雄獅美術》和《藝術家》也扮演著資訊提供的重要角色；之後，每年都有相關領域的展覽陸續展出，如北美館於1993年策劃的「荷蘭當代錄影藝術展」、1998年的「秒，荷蘭科技藝術展」，繼起藝術家的投入，以及國內藝術相關大學紛紛成立科技藝術研究所、影音動畫所等，都可以看出科技藝術的種子已經在藝術圈內逐漸發芽。

　　進入21世紀，無疑的2004年是臺灣科技藝術推廣的一個重要開端。中臺灣的國立臺灣美術館的「漫遊者」可以說是該年國內最為重要的科技藝術展，策展人王俊傑將目前在科技藝術史上最重要的藝術家與作品都囊括進來，以歷史線性發展的方式將科技藝術介紹給國內的觀眾，國美館企圖在臺灣藝術的研究範圍之外，拓展成為國內科技藝術重點推廣中心的企圖心不言而喻，也讓中臺灣的觀眾再次接觸到歐美最前衛的藝術形式；之後於2005年，由筆者與另一位策展人林書民策畫的「快感——奧地利電子藝

術節25年大展」，同樣於國美館內將全球最重要的科技藝術中心的精華展覽與作品，經過統整與歸納後介紹到臺灣來，更讓科技藝術的風潮到達高點，幾乎同時間國美館還設立了以科技藝術為主的「數位方舟」計畫，持續至今。北臺灣的台北當代藝術館則從2001年開館就對科技藝術特別關愛，開館展「輕且重的震撼」、「歡樂迷宮」、「科技禁區」、「馮夢波個展」、「大開眼界：蓋瑞・希爾（Gary Hill）錄像作品選集」、「媒體城市・數位昇華：新媒體藝術展」以及「虛擬的愛」，皆以科技性、互動式的作品以及結合消費、流行和影像文化的作品作為展覽主軸，與年輕世代文化接近，也都吸引大批人潮的觀賞，讓人見識到新媒體藝術的迷人特質，而這似乎也成了台北當代藝術館展覽的一大特色。

除此之外，大專院校近年來在科技藝術概念的推廣上其實是發揮了關鍵性的影響力，1992年國立藝術學院（現改制為國立臺北藝術大學）成立了「科技藝術研究中心」，2002年成立「科技藝術研究所碩士班」；1998年國立臺南藝術學院（現改制為國立臺南藝術大學）成立「音像動畫研究所」；國立臺灣藝術大學則是成立「多媒體動畫藝術學系」與「多媒體動畫藝術研究所」，以及陸續有許多大專院校成立相關科技藝術課程，只是藝術教育的籌備往往牽涉到器材購買經費不足與學校教師不諳先進媒材的窘境，讓許多有志於此型態創作的學生頗有微言，還好

■ 數位正義E世代 ■

臺灣在科技大環境的生態上不是太難接近，因此許多人靠自修也能完成技術教育。

另外，臺灣民間企業對於科技藝術的支持也是一大重要的推手，2004年成立的第一屆「科技藝術創作發表獎助計畫」結合了科技業的財團法人邱再興文教基金會、宏碁基金會及光寶基金會之力，並加上國家文化藝術金會以藝企合作精神投注相對的基金，可以嗅出科技藝術已經成為國內科技企業下一波的贊助對象，這也適時反映了科技業與科技藝術之間應該有的正面互動關係；鳳甲美術館長期推動科技藝術的用心，更成立以錄像藝術為主的雙年展，成為國內甚至全球少數以推廣錄像藝術為主的國際展覽而名聲大噪；還有從台新銀行文化藝術基金會每年的一項重要業務「台新獎」的年度提名的名單中，也可以觀察到科技藝術的提名有越來越多的趨勢。其他基金會雖沒有特別標榜以科技藝術作為業務推廣的主軸，但在策劃展覽時，也多少都會將科技藝術納入考量，如富邦藝術基金會、智邦藝術基金會等。

最後，替代空間或閒置空間在推廣臺灣當代藝術上，一直扮演著除了官方機構、非營利單位和商業畫廊之外的重要角色，如伊通公園、新樂園、竹圍工作室、非常廟藝術空間等，儘管在財務上大家都必須面臨艱苦的募款與營運問題，但仍堅持對前衛藝術的關懷，提供藝術家機會與

外界進行對話,使得科技藝術即使在困苦的生存條件下,也能有隱隱脈動的強壯生命力。

　　由於科技文明的發達,新發明的科技產品慢慢地融入人們的日常生活,而文化、社會與生活形式也隨之改變。處在時代脈搏裡的敏銳藝術家們當然也強烈感受,如60年代普普藝術家直接取材自他們每日浸淫其中的傳播媒體,像卡通、廣告、現代音樂等影像直接搬上畫布;至於對其他極欲在傳統藝術媒材(繪畫、雕塑)外尋求另一新的表現形式的藝術家們來說,從工業時代到數位時代的科技媒體,自然成為一種新的表達媒介及強悍有力的創作工具,可預見的是未來成長過程中有電腦一路伴隨的新生代藝術家勢必會將科技的元素融入到創作之中,而21世紀的藝術呈現相信與科技也會有更緊密的連結。

註釋

[1] 胡朝聖,〈為新媒體藝術正名的2004年〉,《藝術家雜誌》,2004年12月,頁200-203。

[2] Robert Atkins (1990). Art Speak, Abbeville Press, pp. 98-99.

■ 數位正義E世代

E世代新觀點

◎ 發展「雲端收藏」概念，以改善數位藝術在修復、防偽（防拷貝）等問題。

◎ 教育上，培養科技藝術人才，包含創作、研究與市場推廣的第一線人才，且教育工作不只在高教體系，更該向下紮根於中小教育。

◎ 文化部、教育部及國科會成立跨部會協調組織，促成教育、技術與藝術等領域整合，協助科技藝術之發展。

◎ 大專院校近年來致力發展科技藝術課程，應投資設備、經費及師資等，促進科技藝術蓬勃發展。

國家圖書館出版品預行編目資料

數位正義E世代／簡錫堦等作；曾文培主編. -- 初版.
-- 臺北市：新台灣人文教基金會, 2012. 11
面；公分

ISBN 978-986-87320-6-3（平裝）
1.資訊社會 2.資訊科技 3.文集

541.415 101022465

數位正義E世代

發 行 人／張　珩
出版單位／財團法人新台灣人文教基金會 & Airiti Press Inc.
主　　編／曾文培
作　　者／簡錫堦、盧信昌、葉慶元、王榮文、陳佳惠、須文蔚、林志興
　　　　　陳哲妮、王郁琦、陳嘉琪、駱麗真、胡朝聖
總 編 輯／古曉凌
責任編輯／須文蔚、簡明哲、劉德明、修杰麟、吳承思、謝佳珊、陳儀如、陳志斌
執行編輯／謝佳珊、陳儀如、方文凌
版面編排／李雅玲
封面設計／薛耀東
發行業務／楊子朋
行銷企劃／賴美璇
發行單位／財團法人新台灣人文教基金會
　　　　　110台北市信義區信義路五段150巷2號16樓1600室
　　　　　Airiti Press Inc.
　　　　　234新北市永和區成功路一段80號18樓
總 經 銷／華藝數位股份有限公司
　　　　　戶名：華藝數位股份有限公司
　　　　　銀行：國泰世華銀行　中和分行
　　　　　帳號：045039022102
　　　　　電話：(02)2926-6006　傳真：(02)2231-7711
　　　　　服務信箱：press@airiti.com
法律顧問／立暘法律事務所　歐宇倫律師
ISBN／978-986-87320-6-3
出版日期／2012年11月初版
定　　價／新台幣300元

版權所有・翻印必究　　Printed in Taiwan